Express Yourself

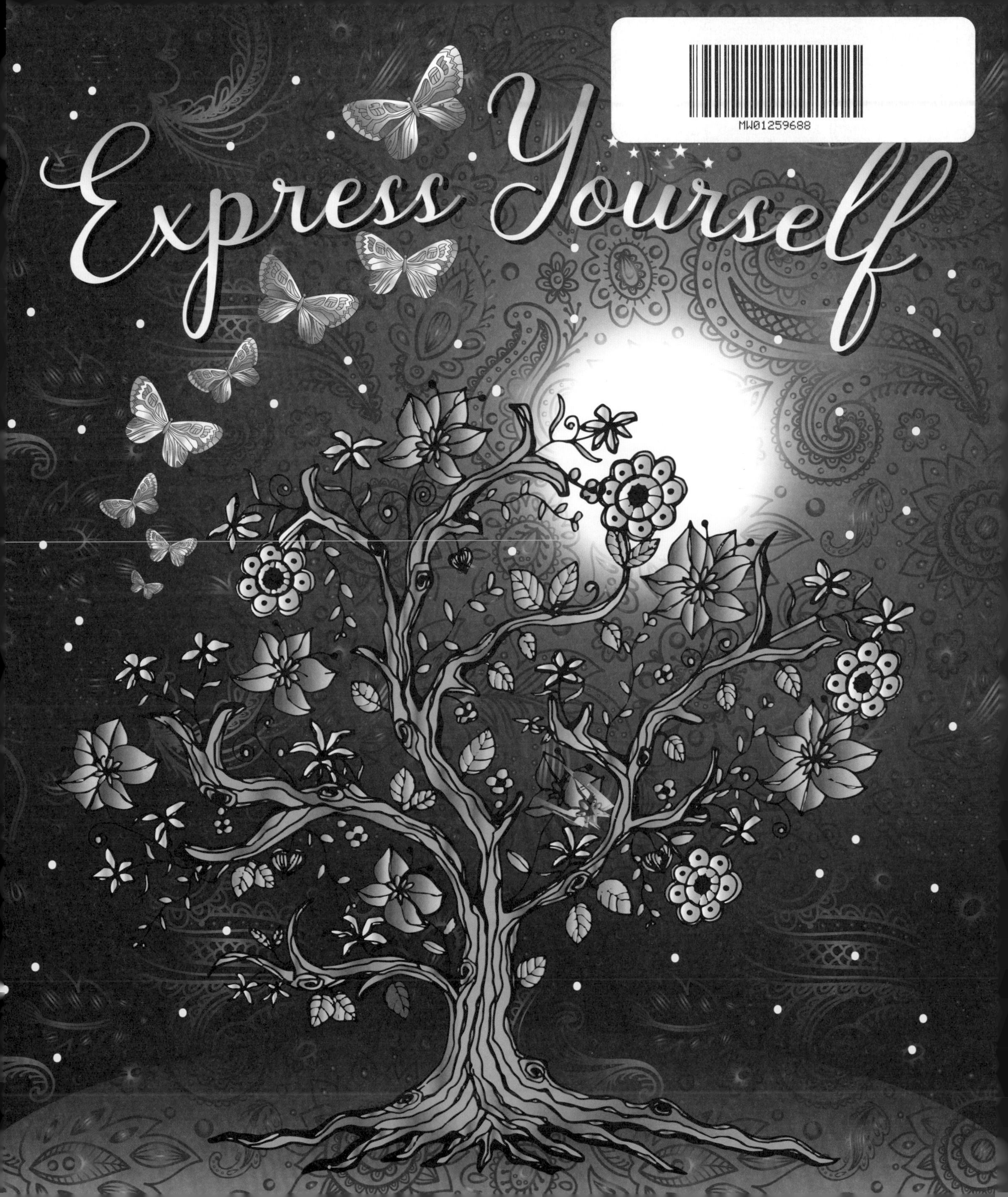

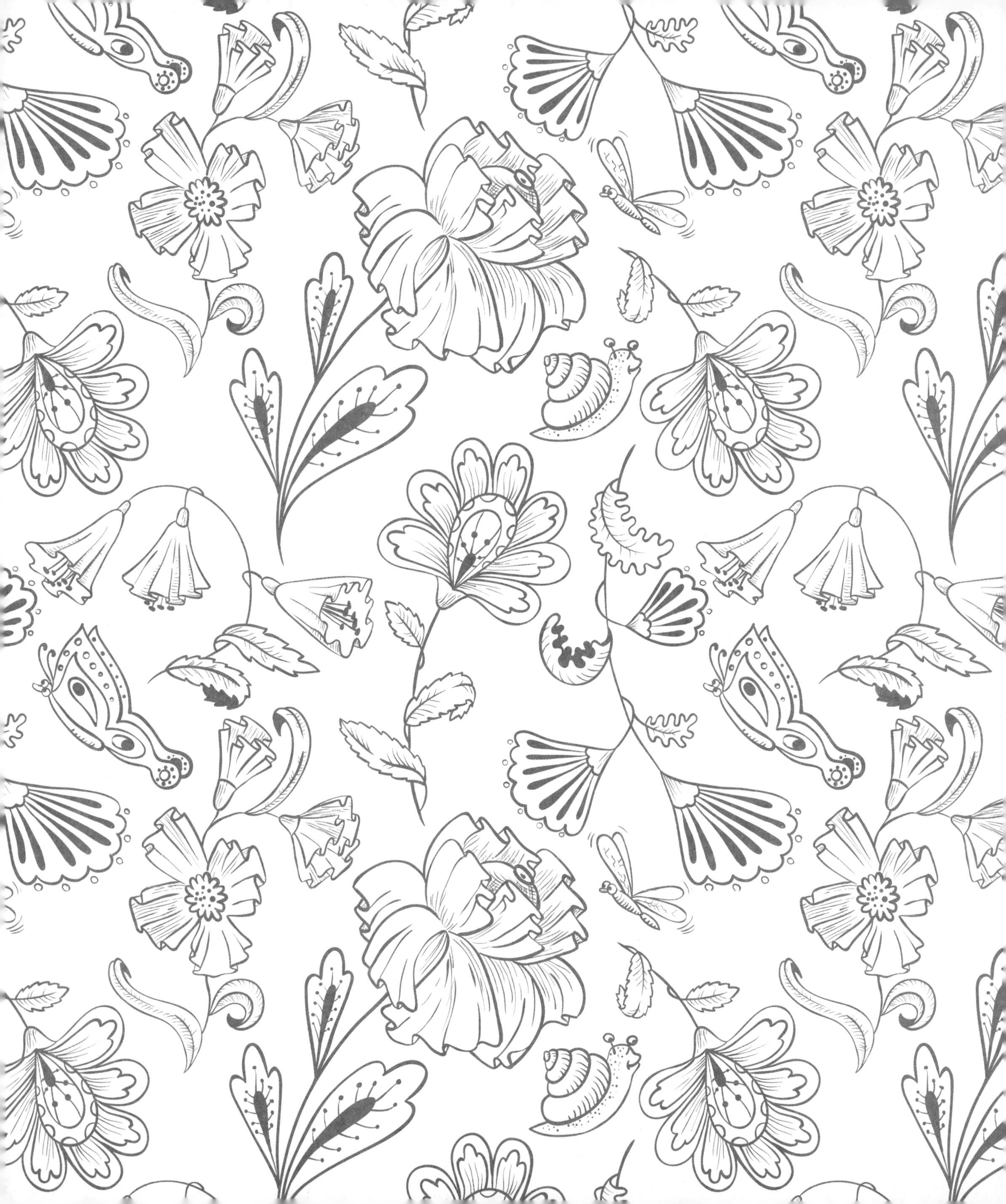

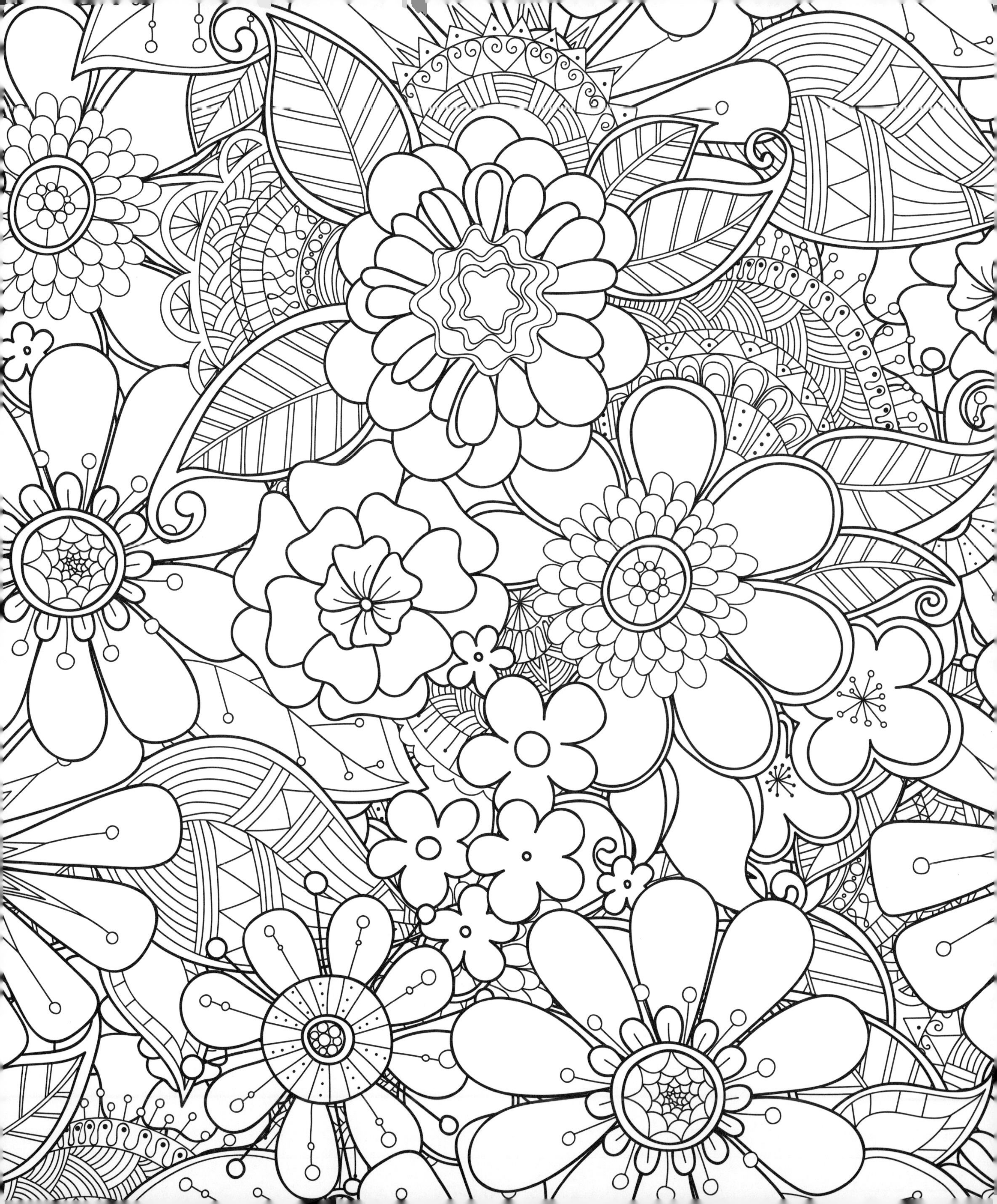

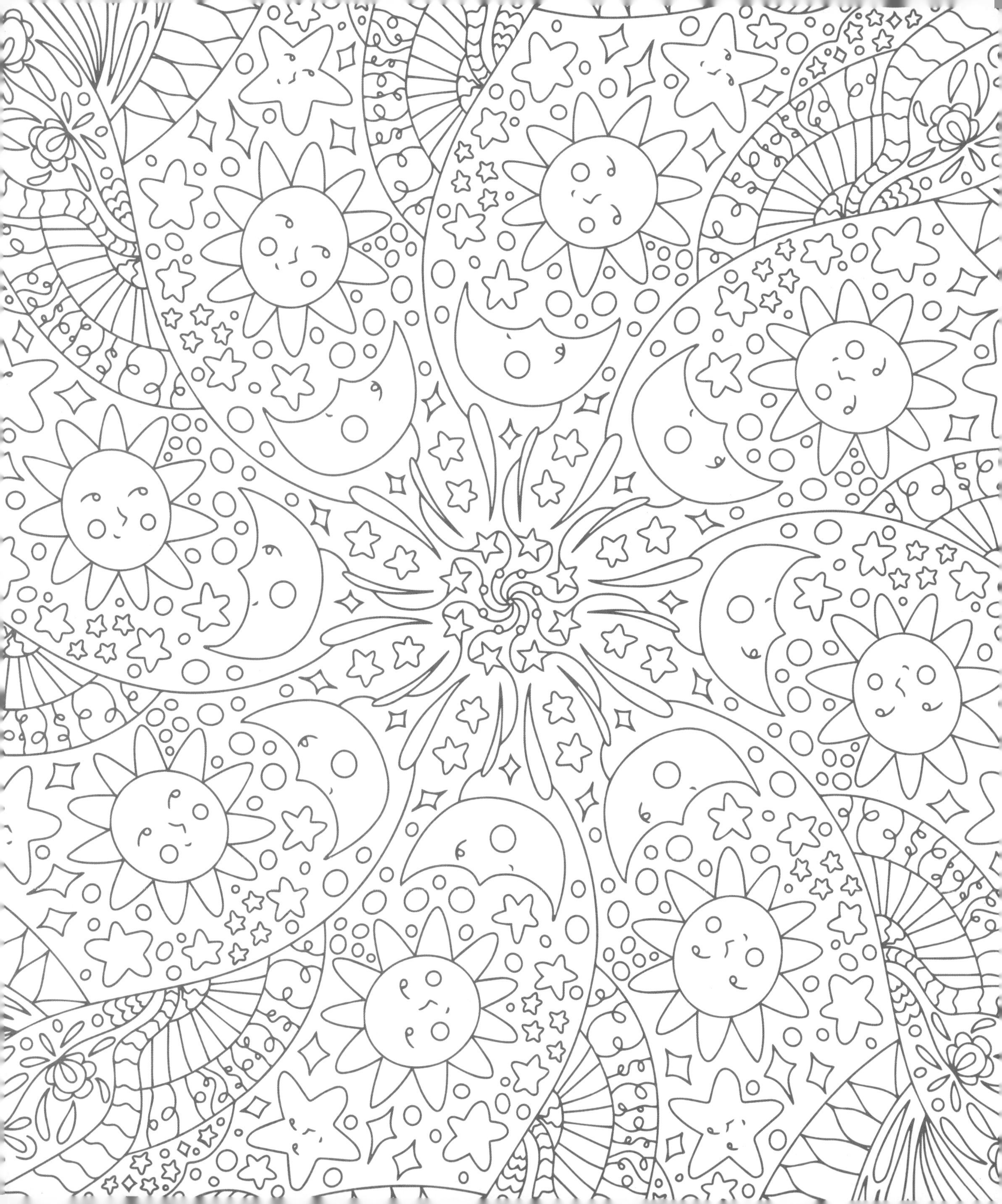

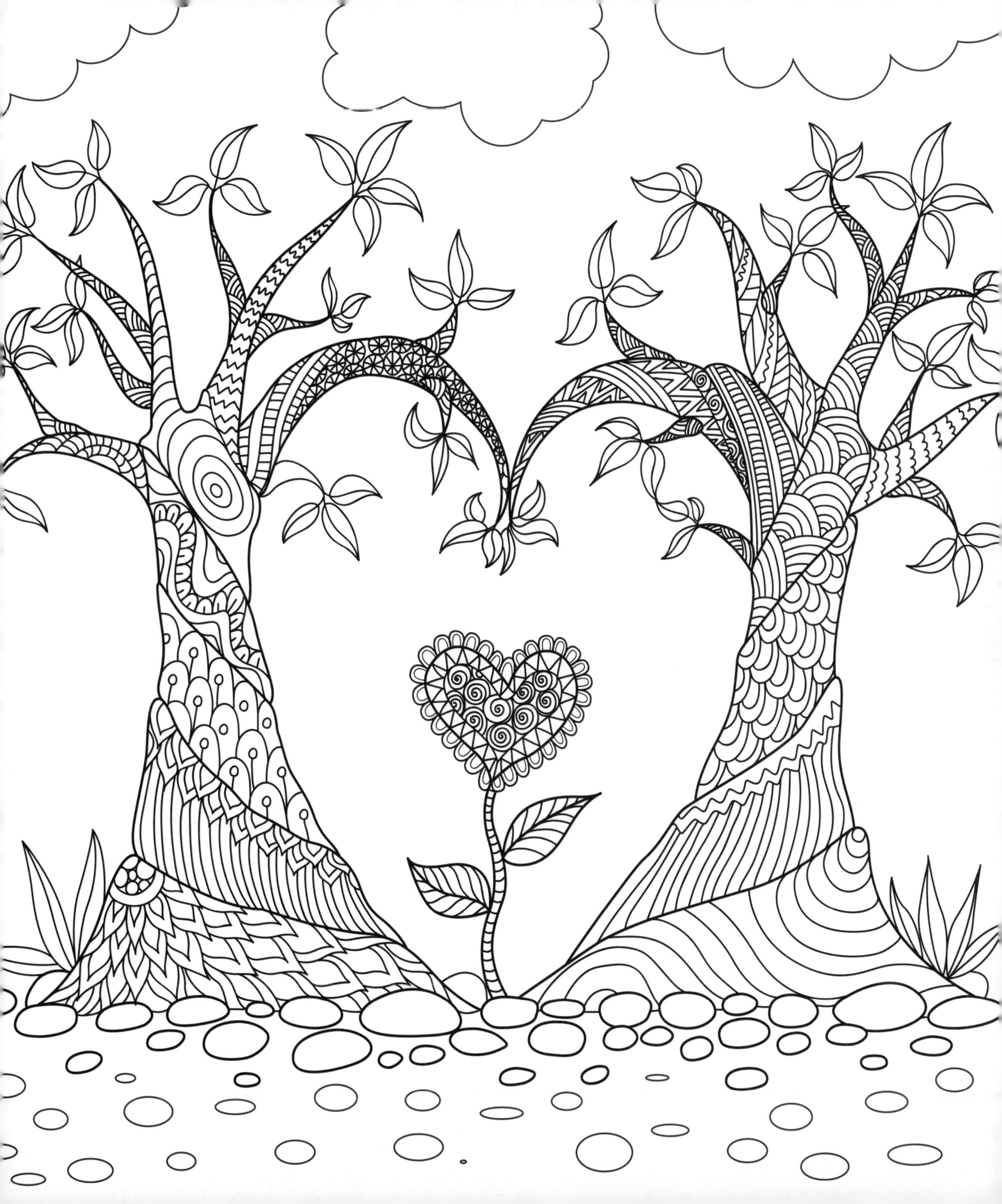

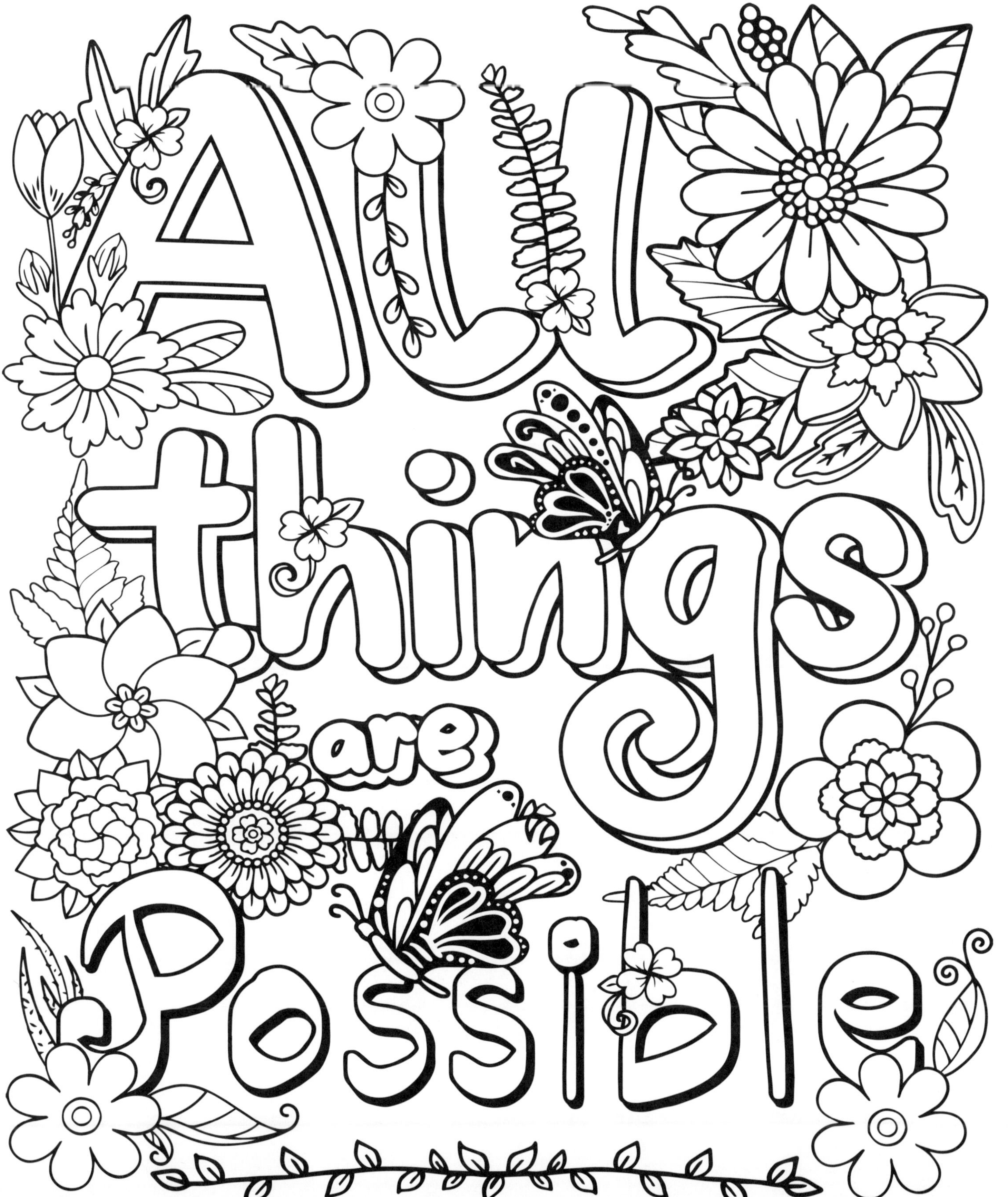
All things are Possible

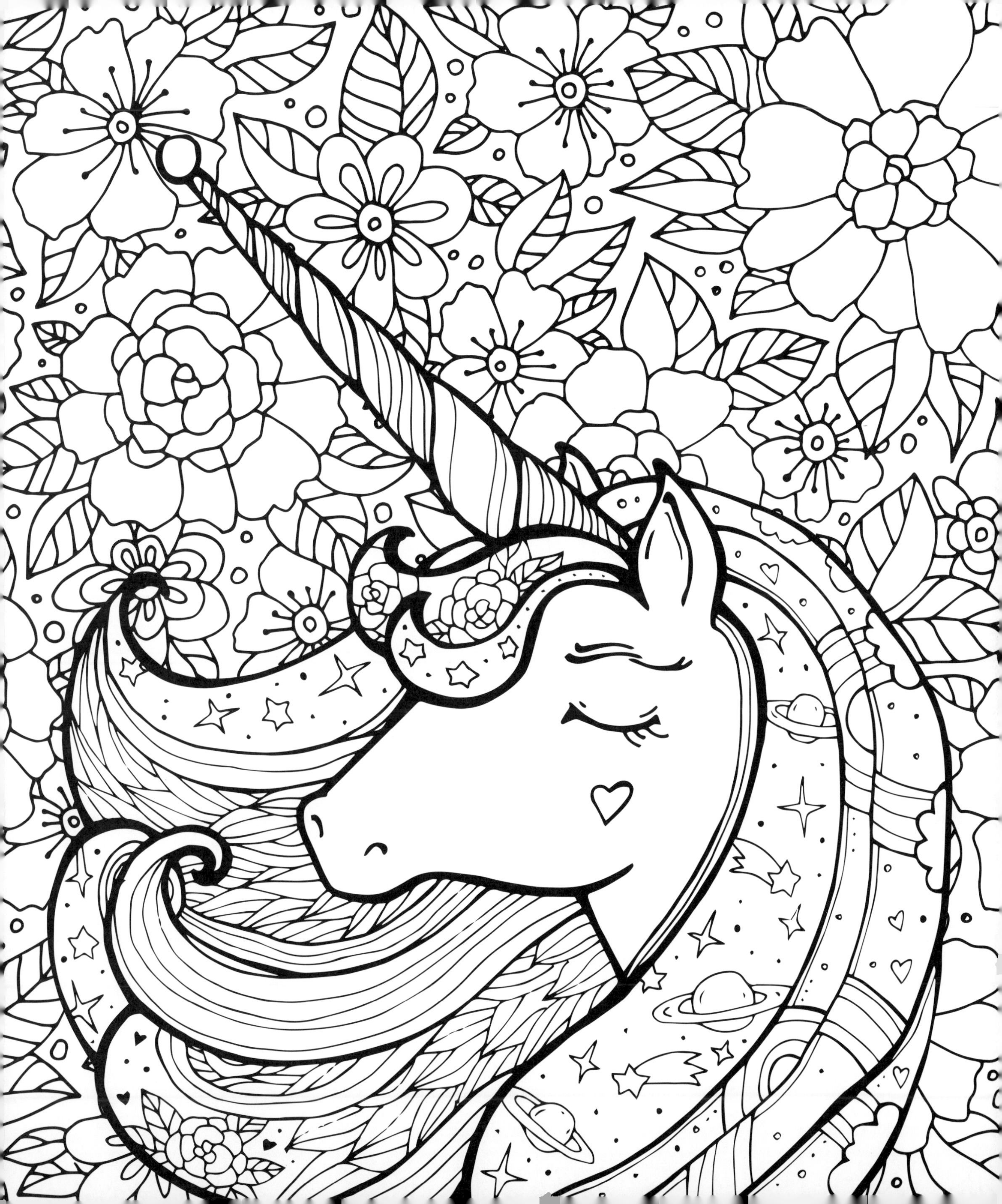

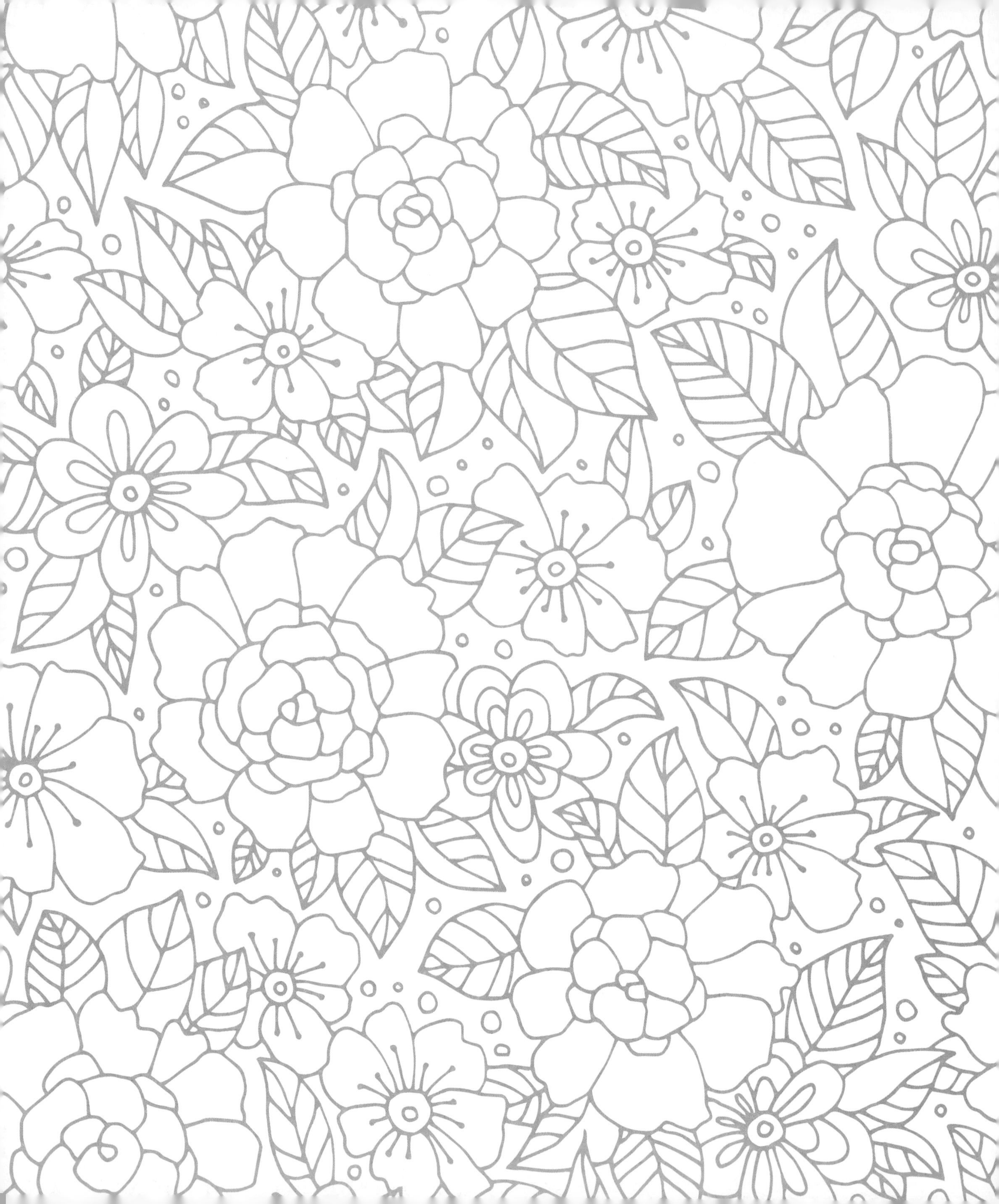

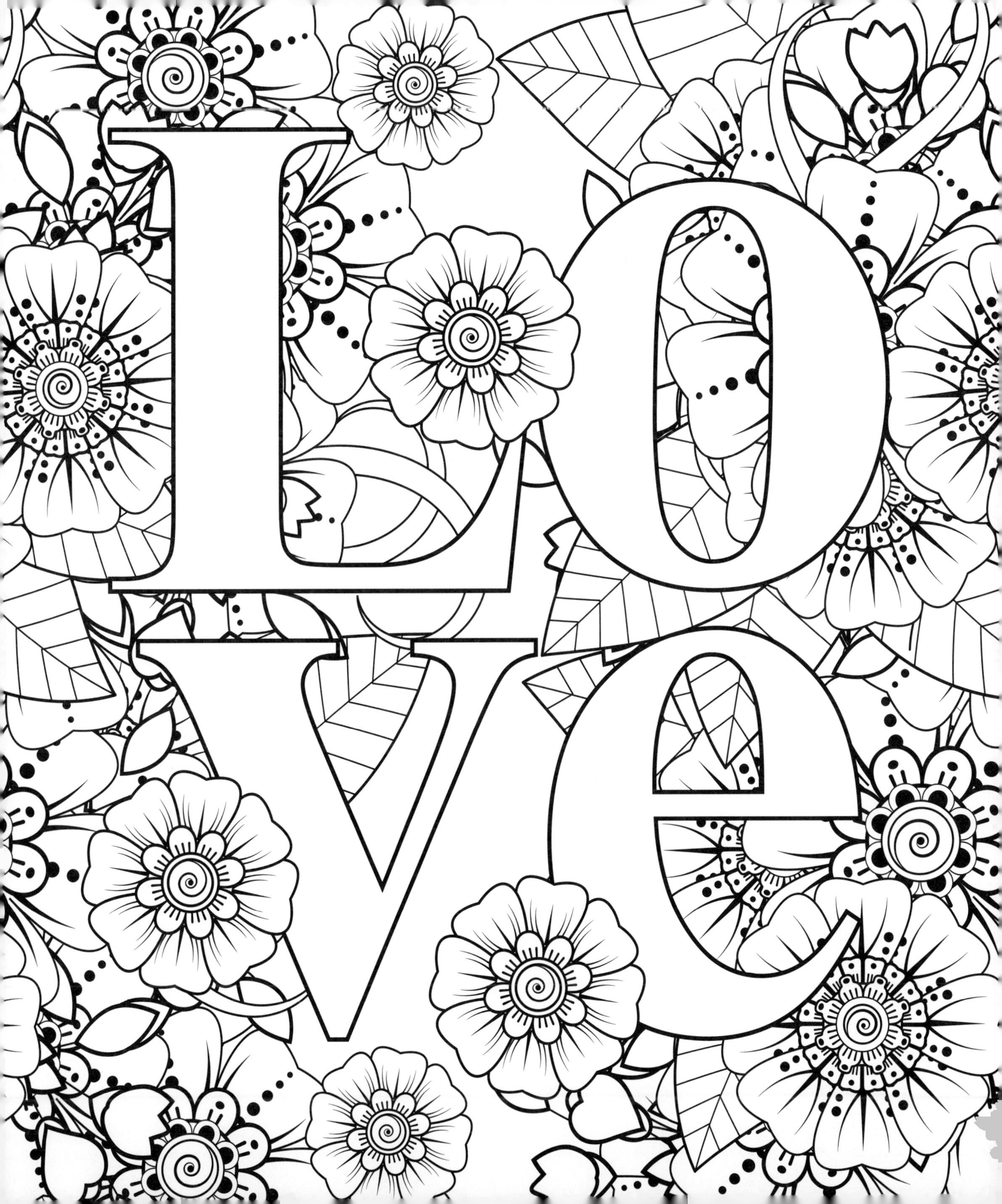
LOVE

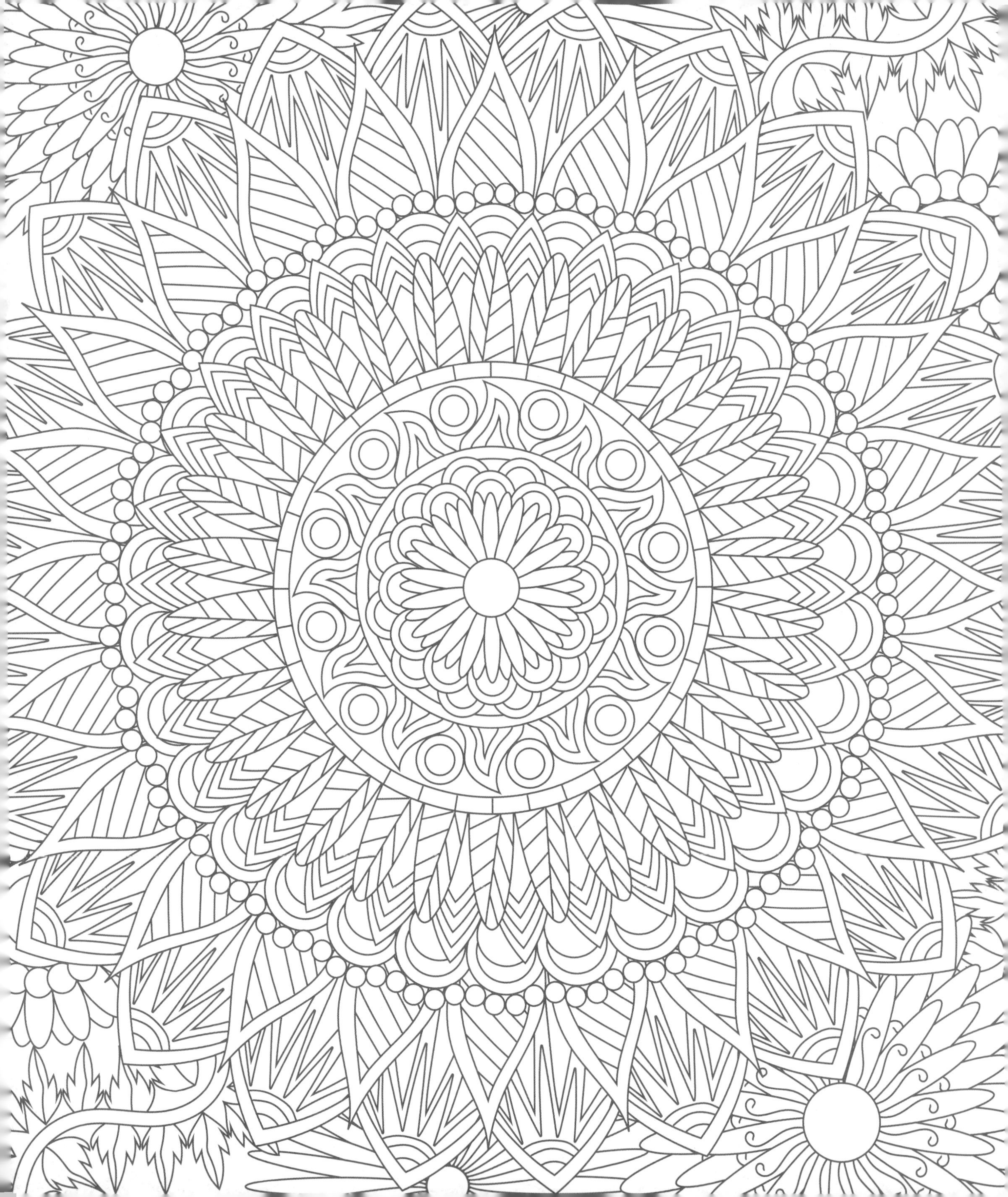

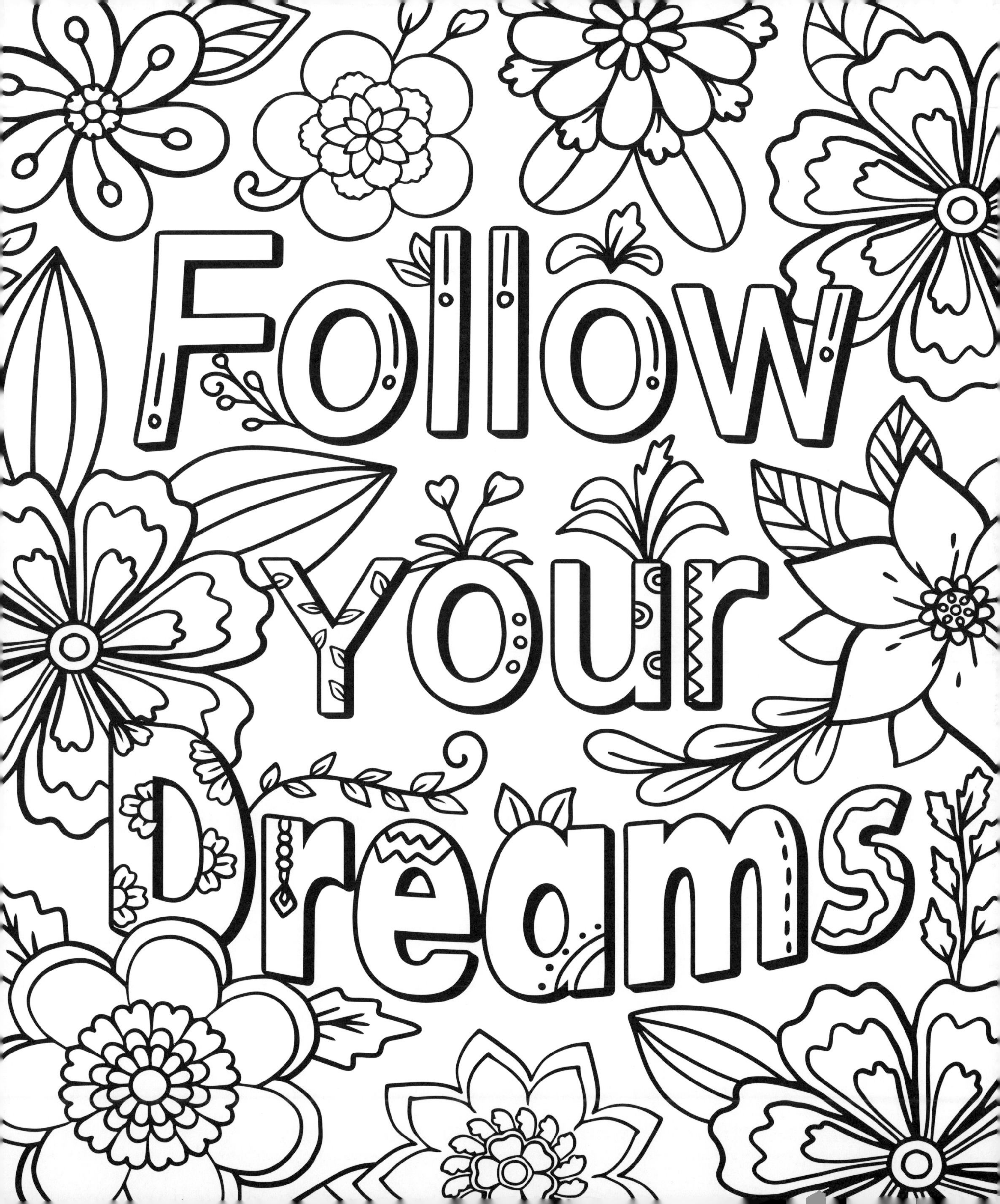
Follow your Dreams

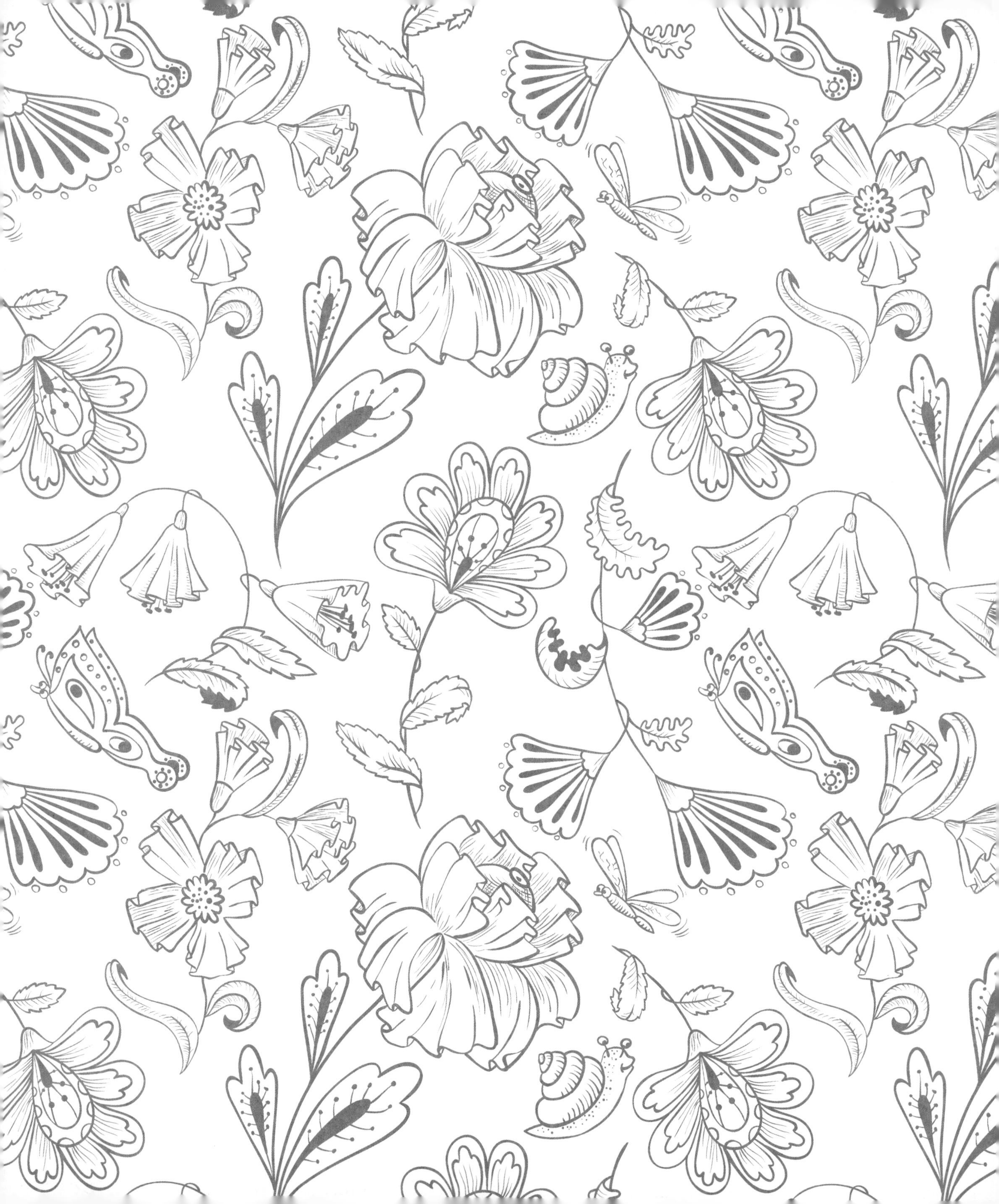

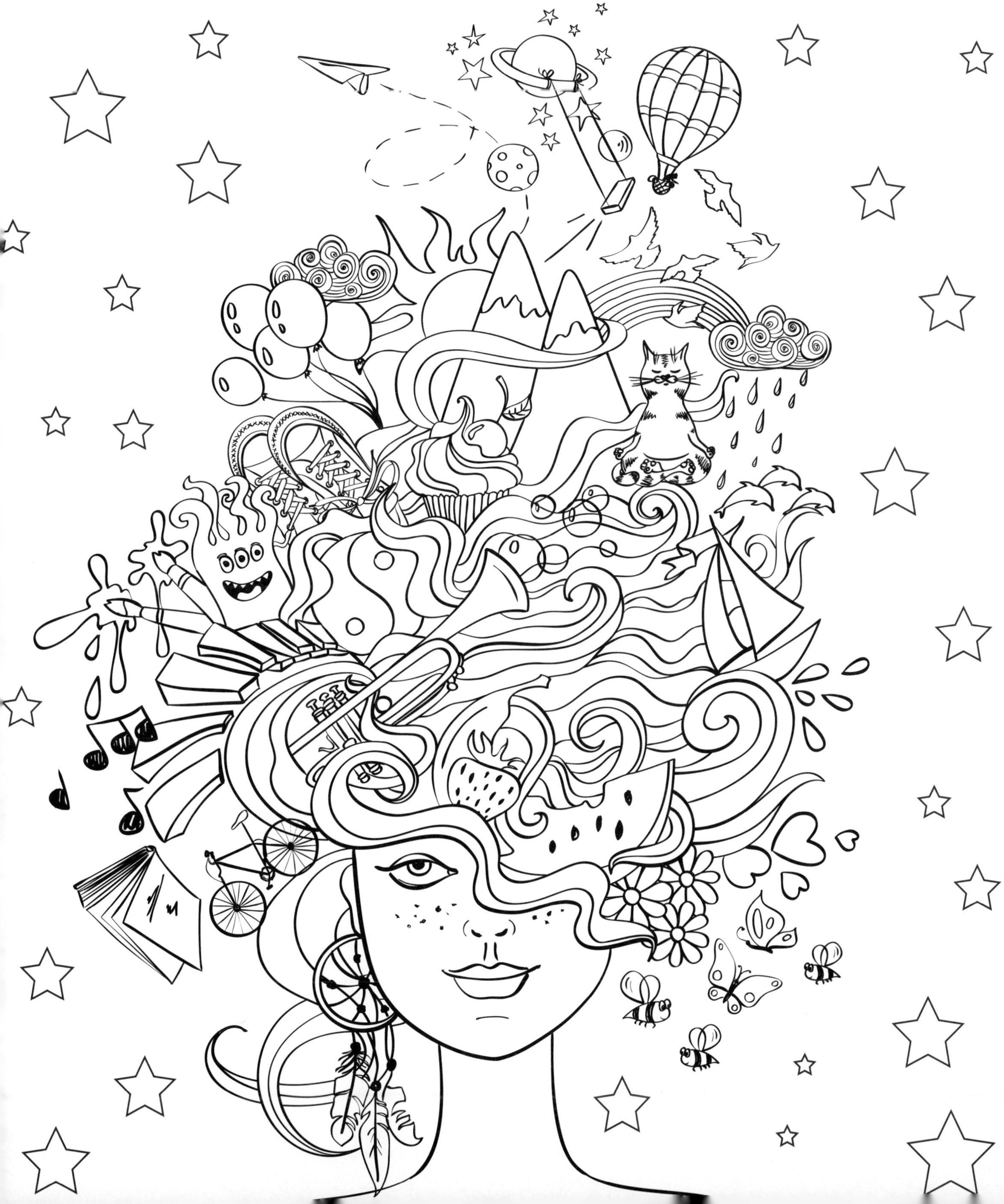

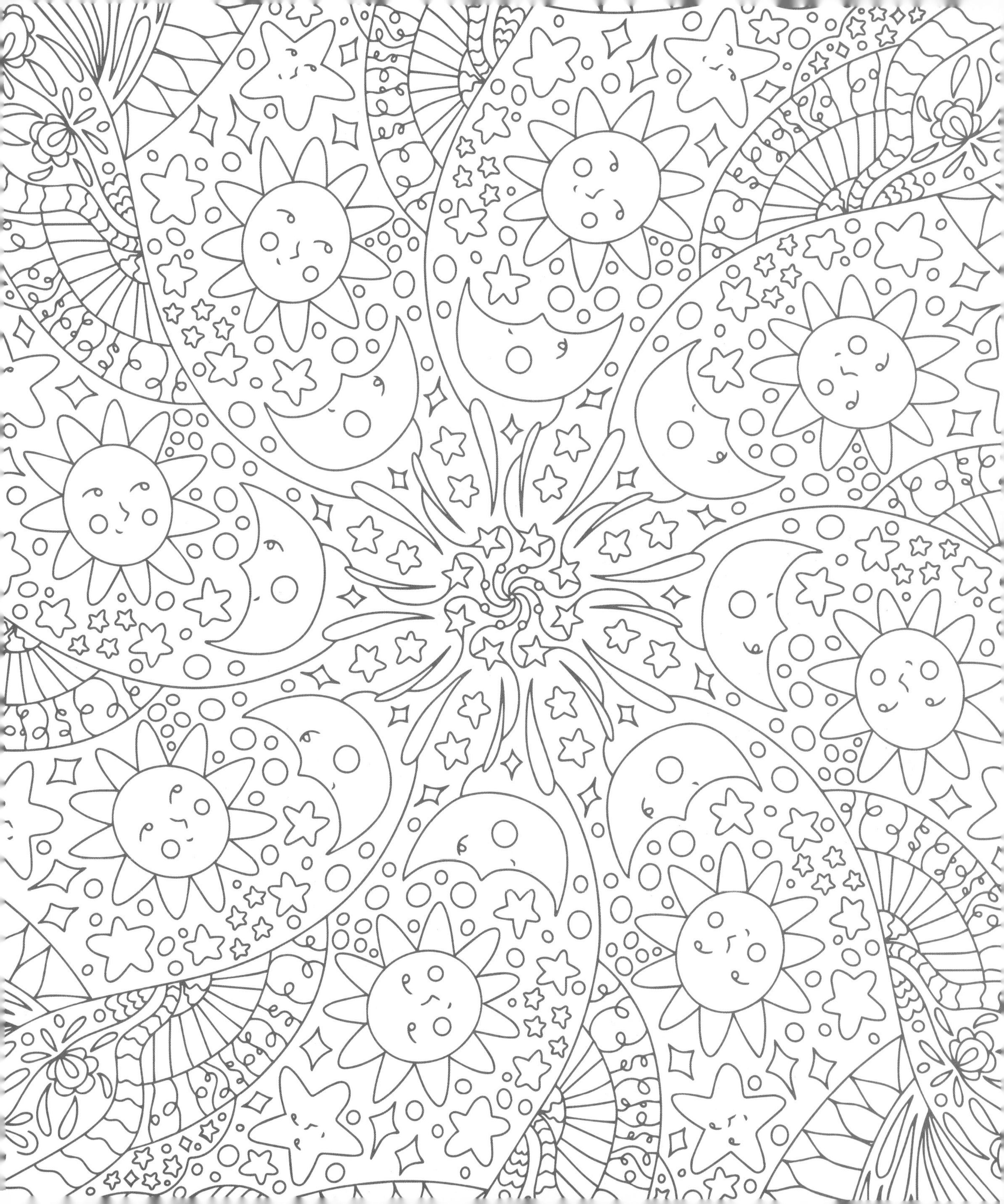

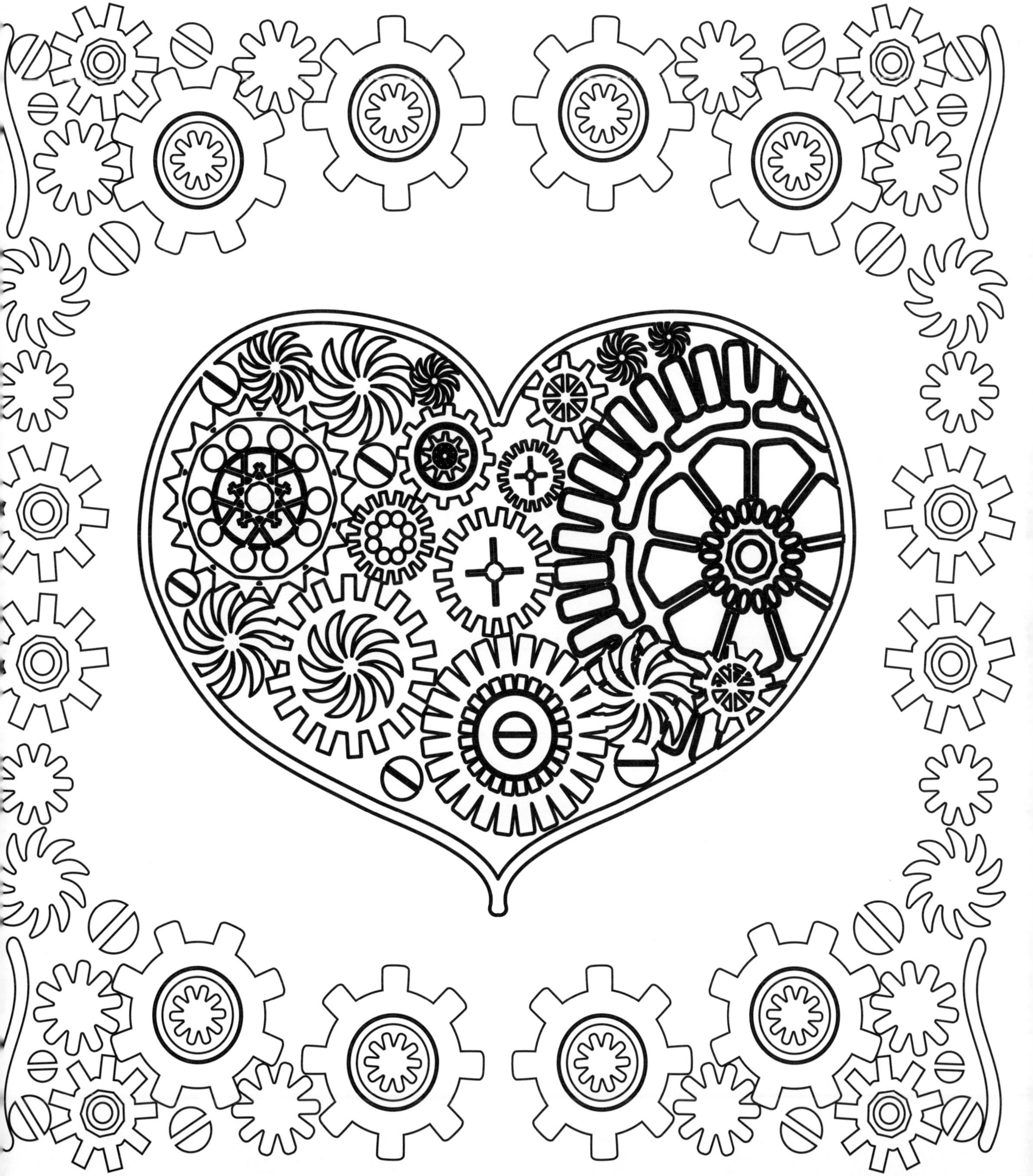

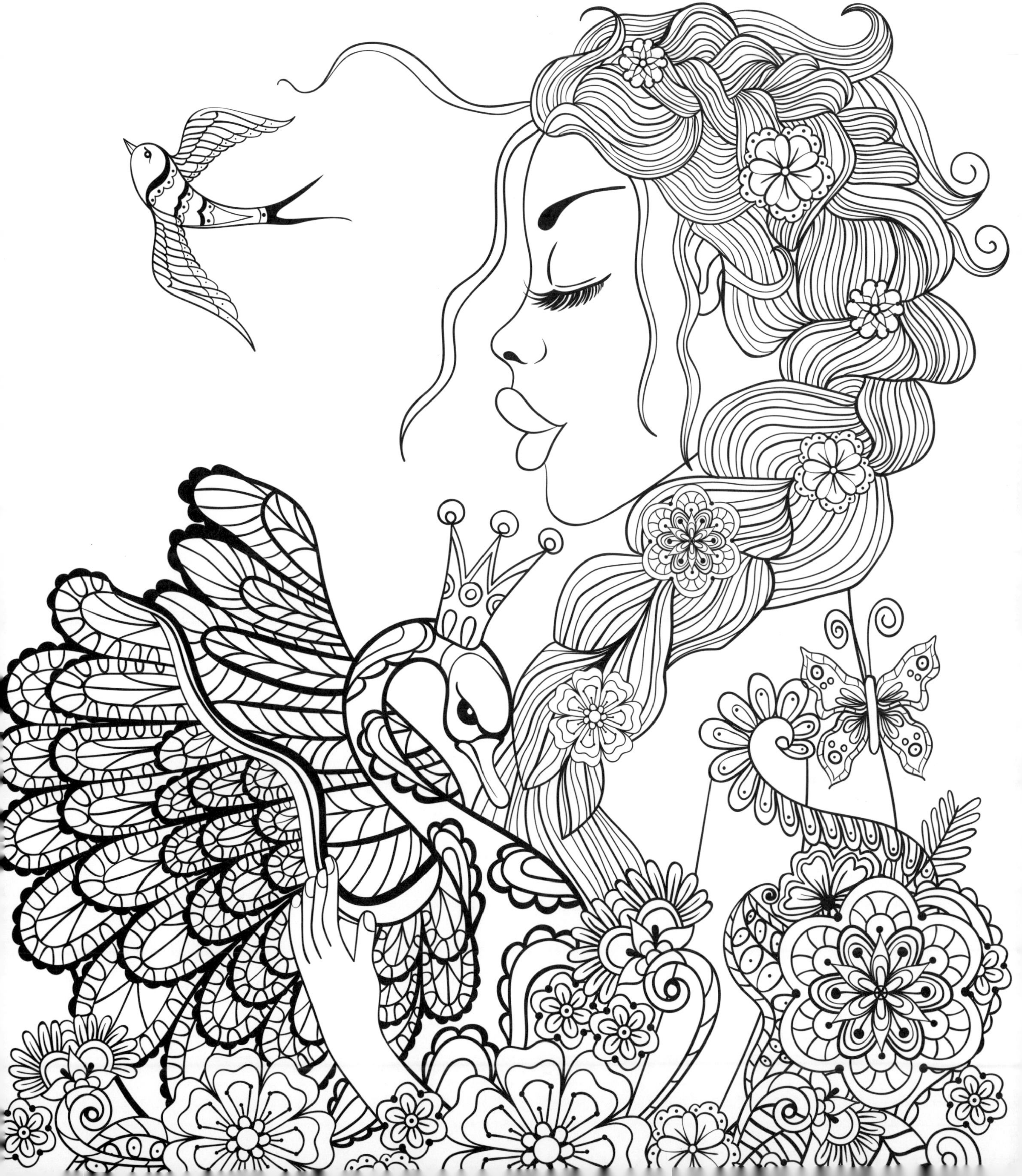

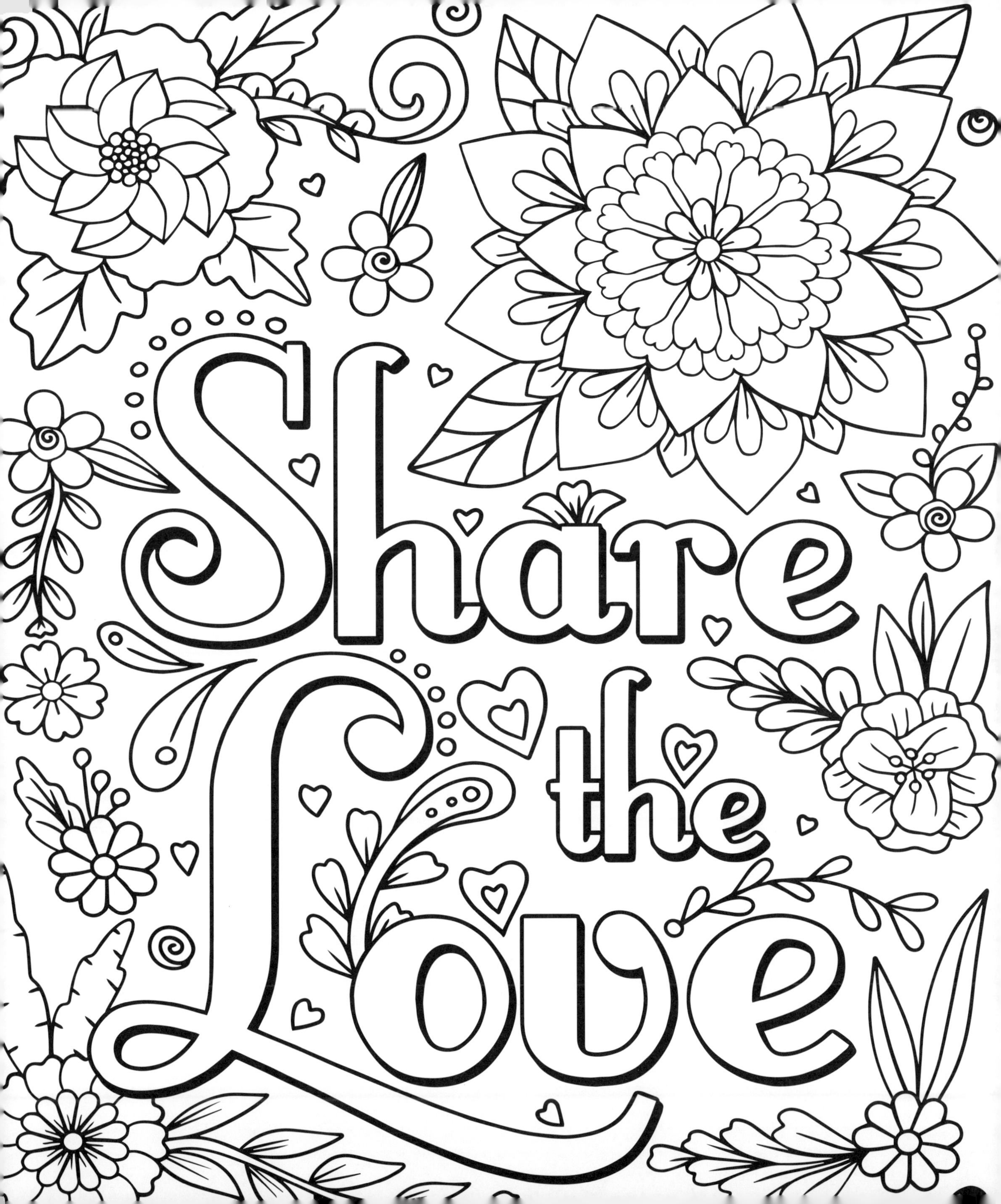
Share
the
Love

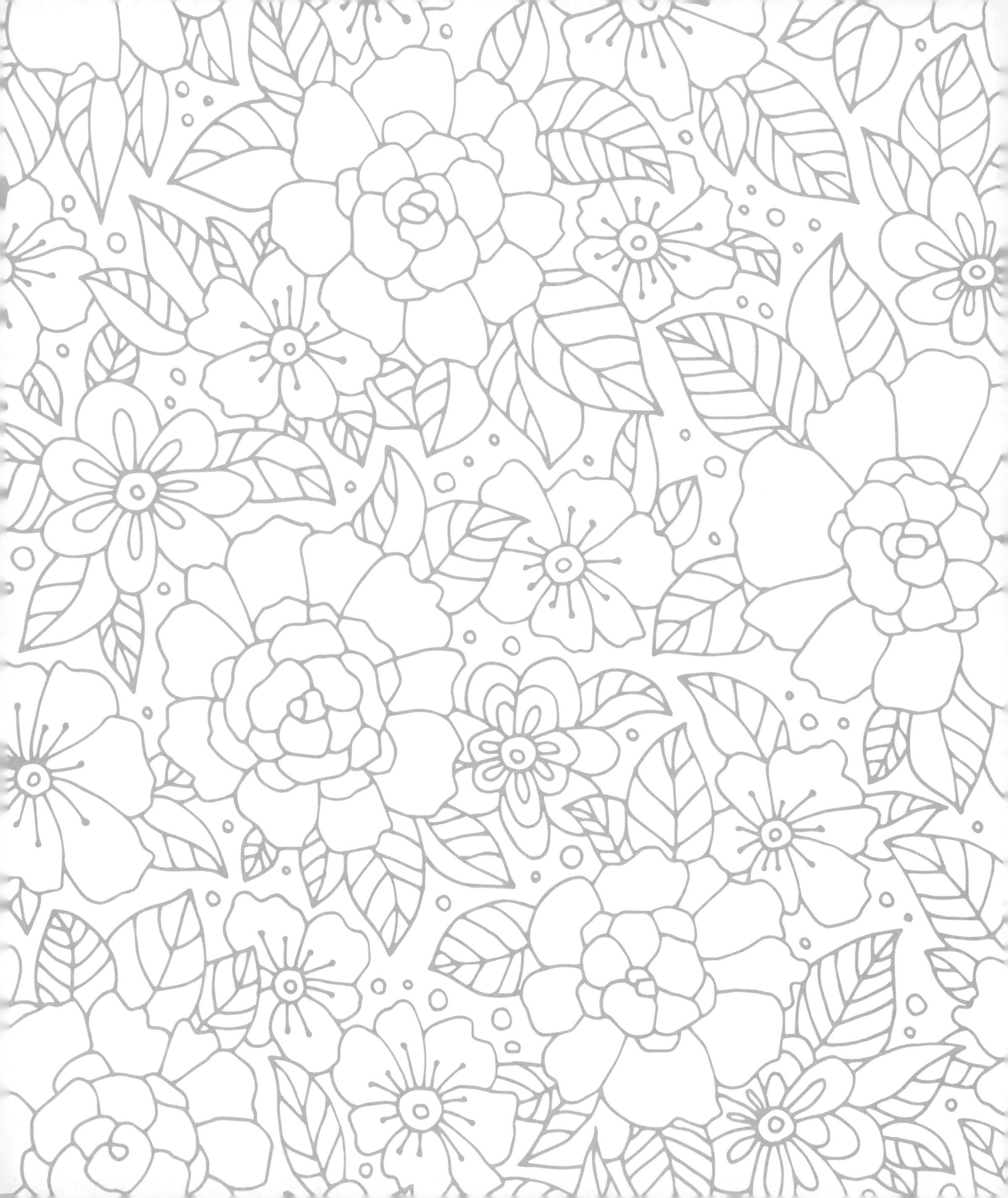

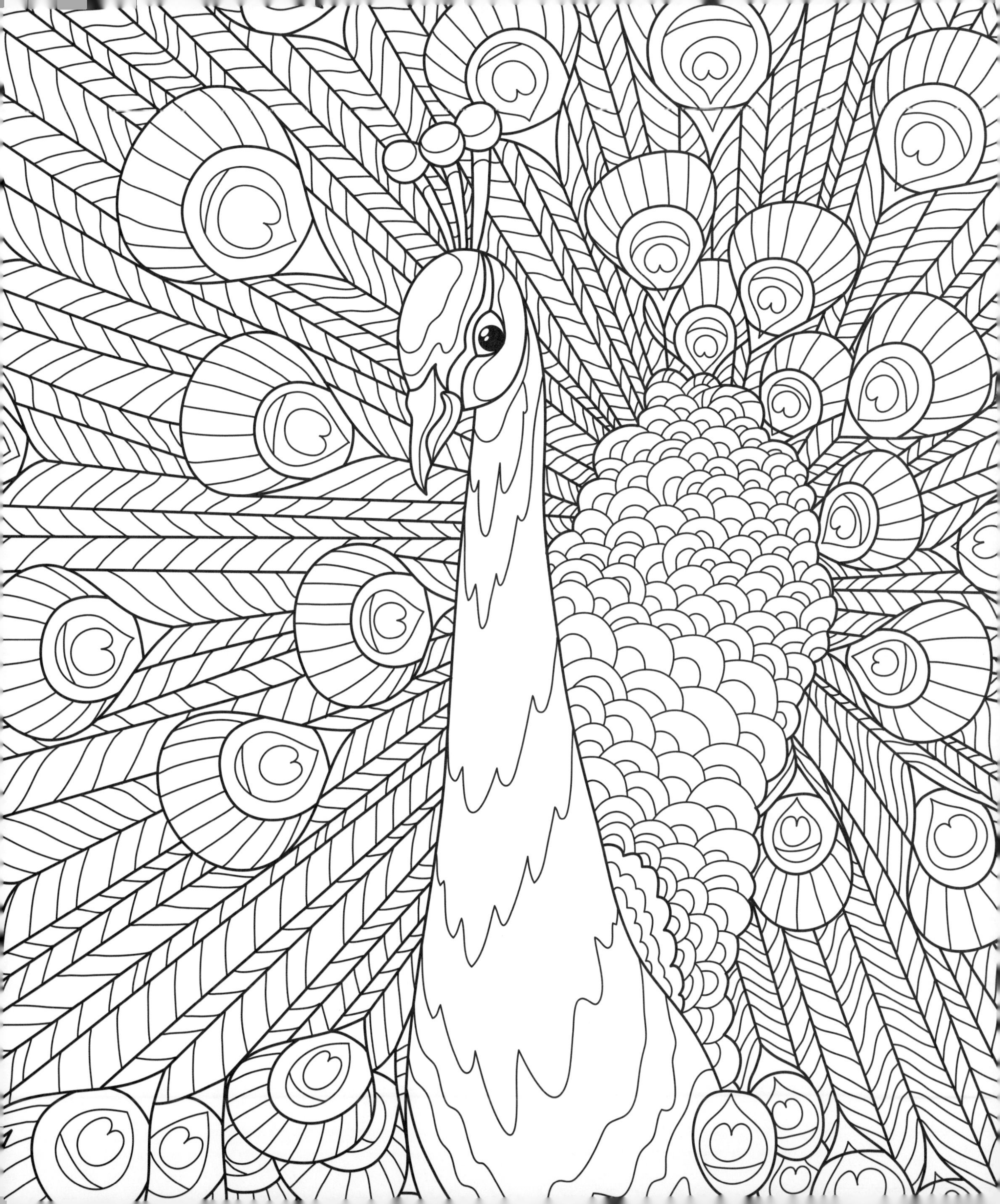

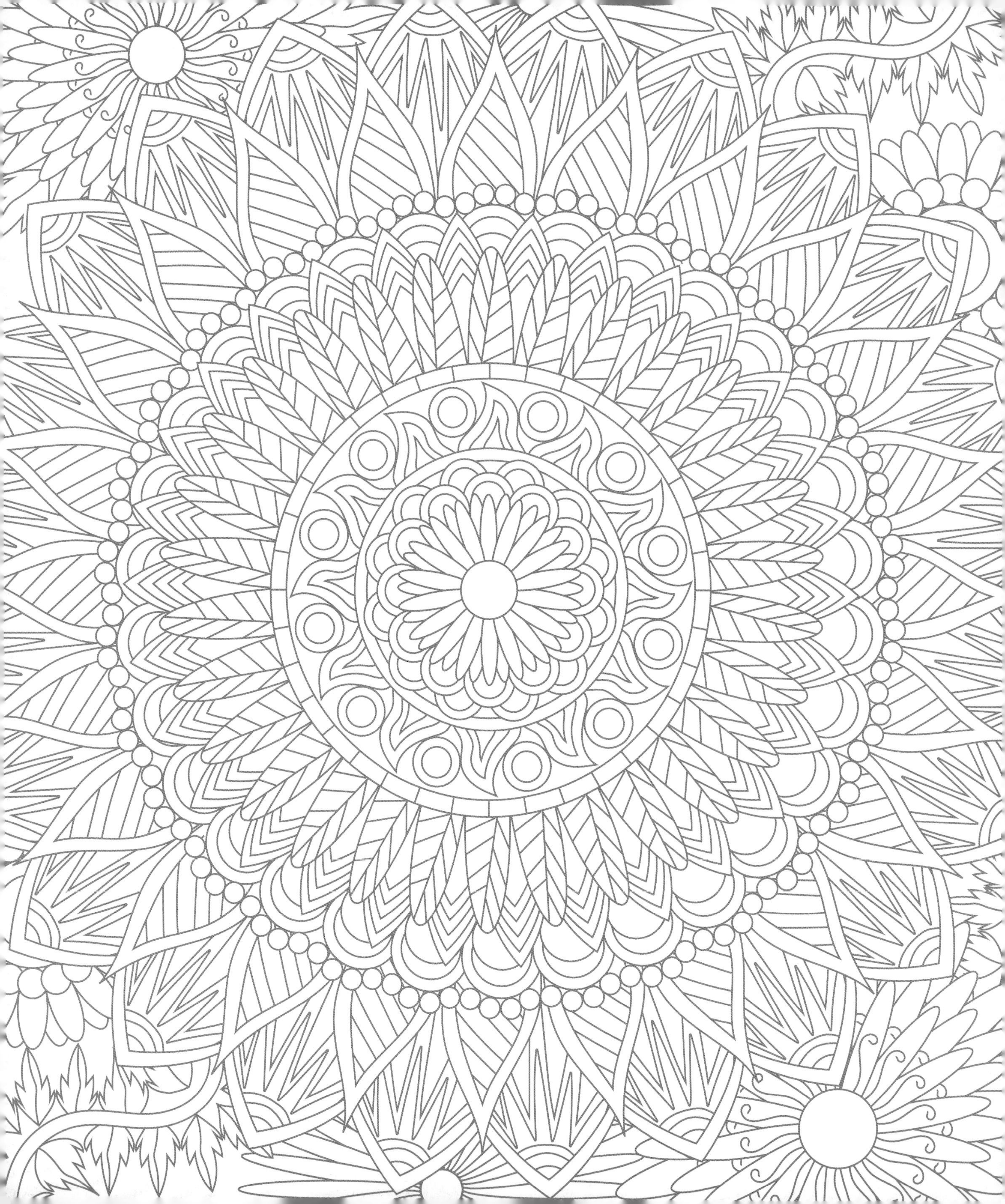

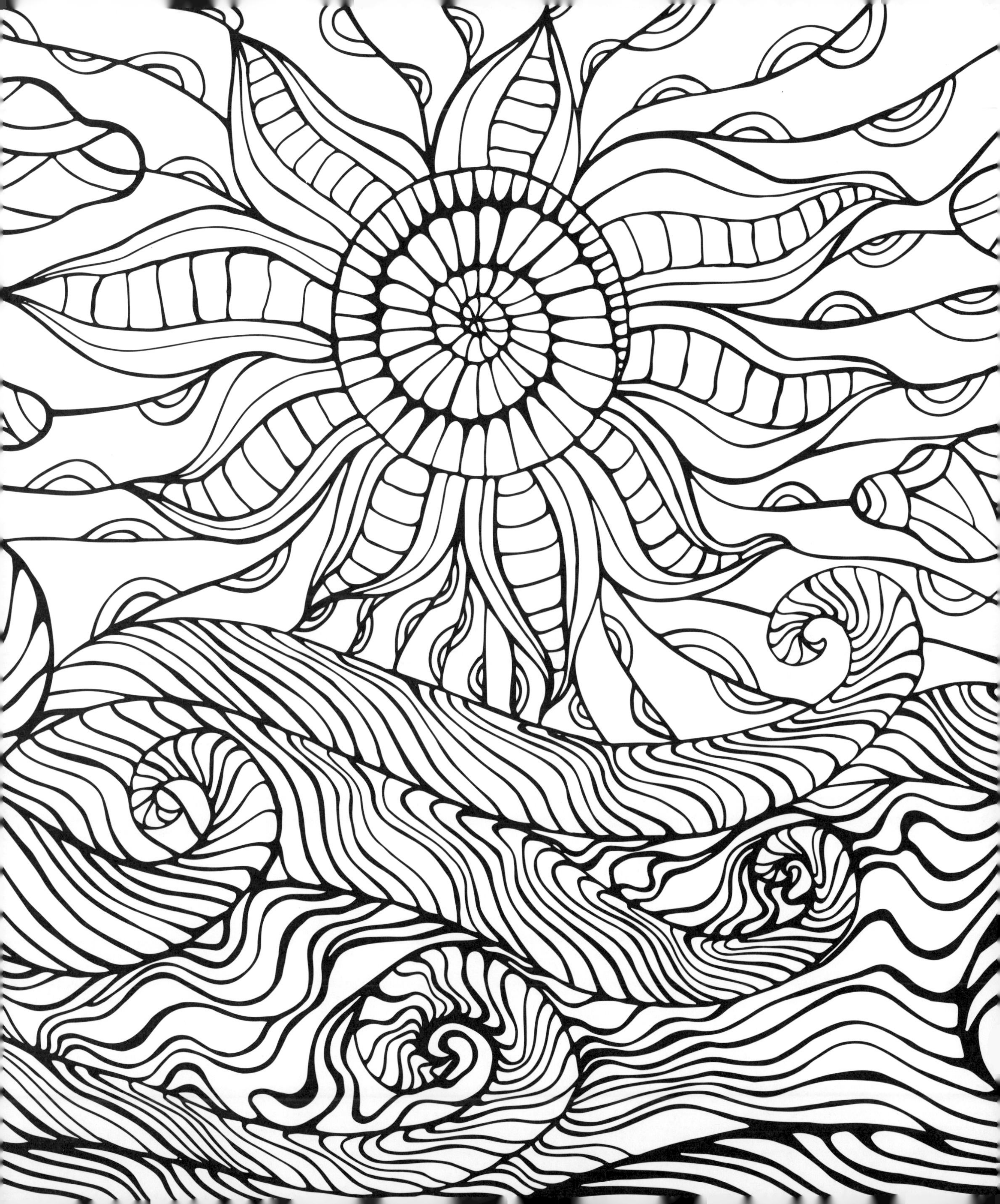

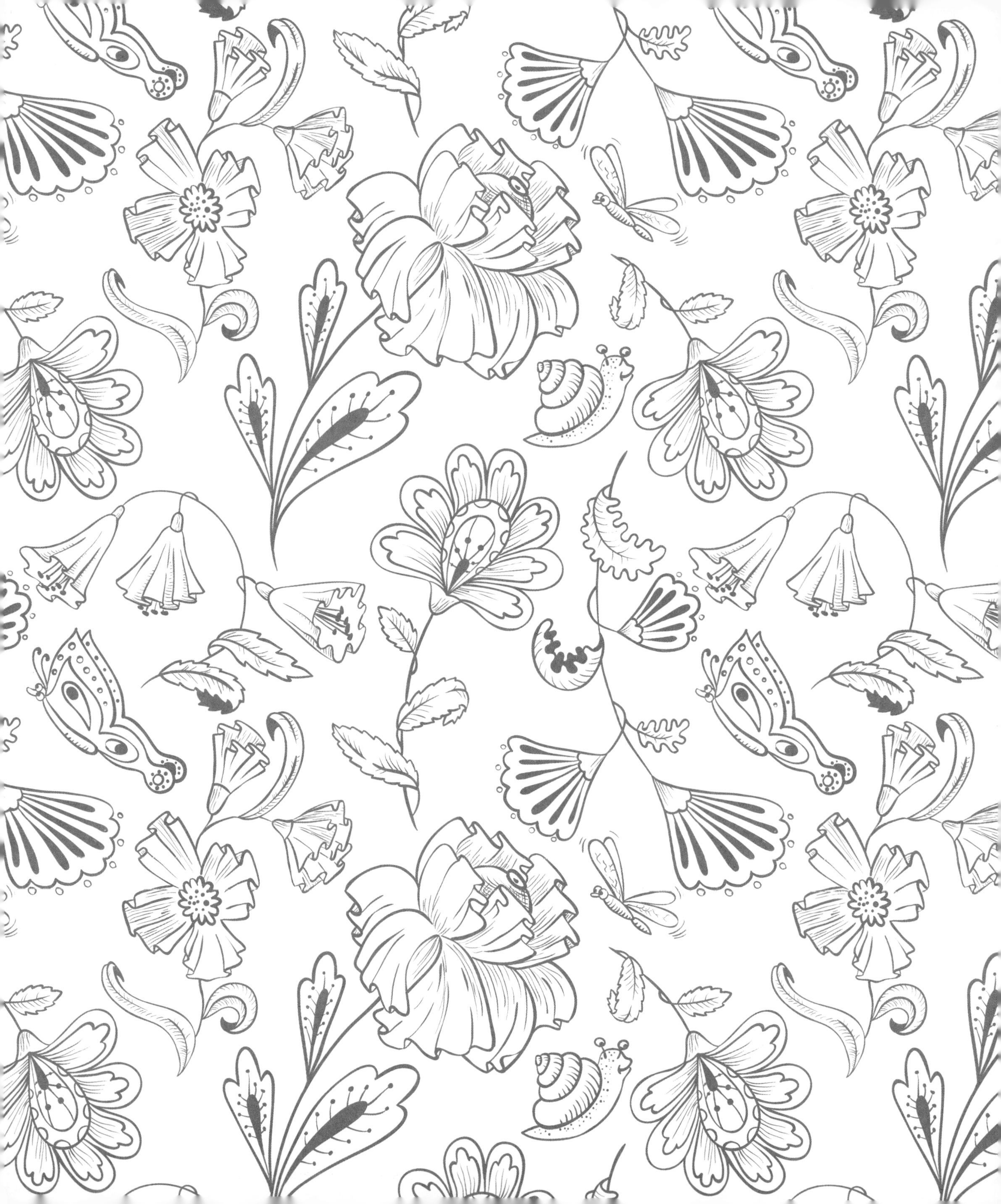

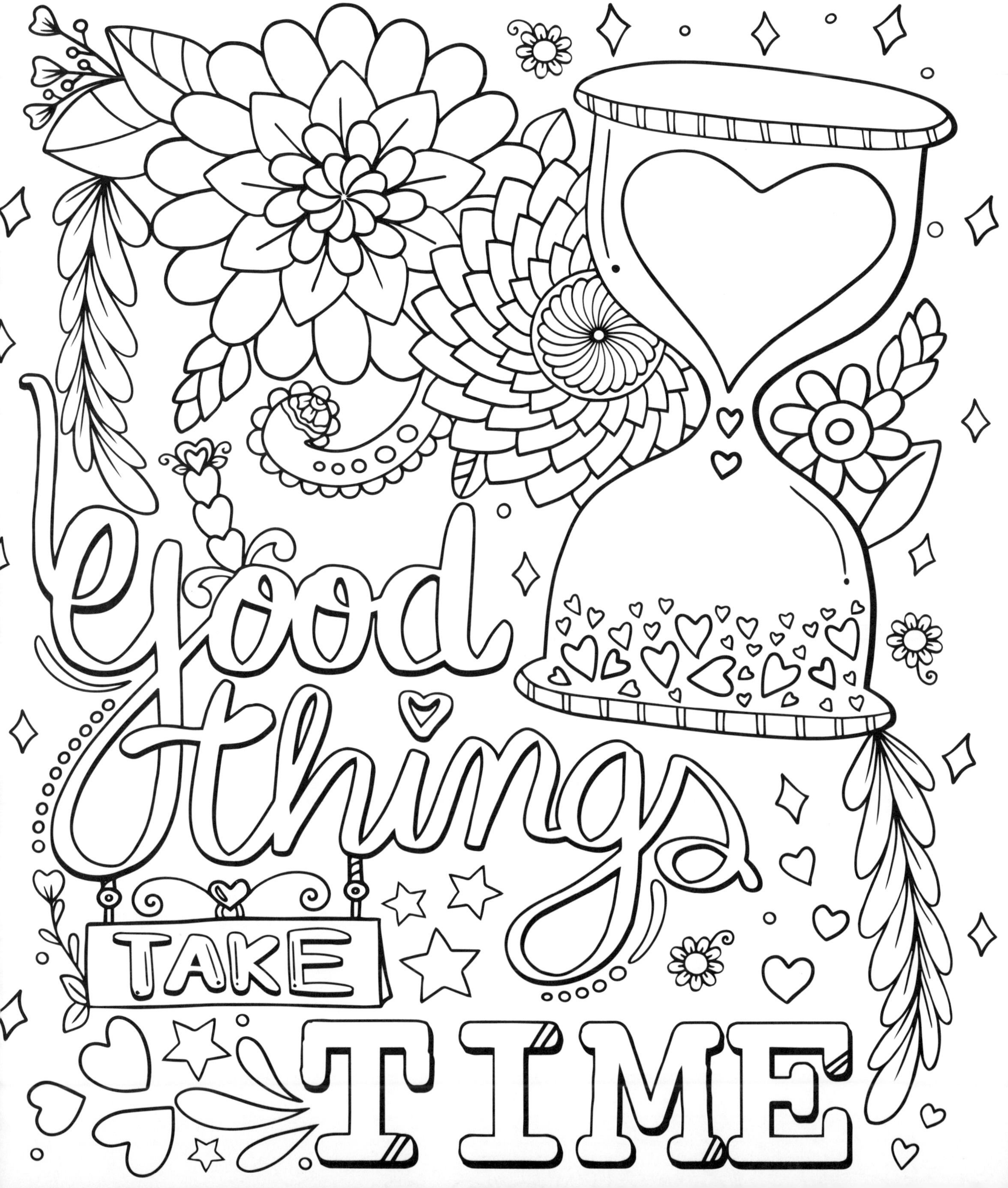
Good things
TAKE
TIME

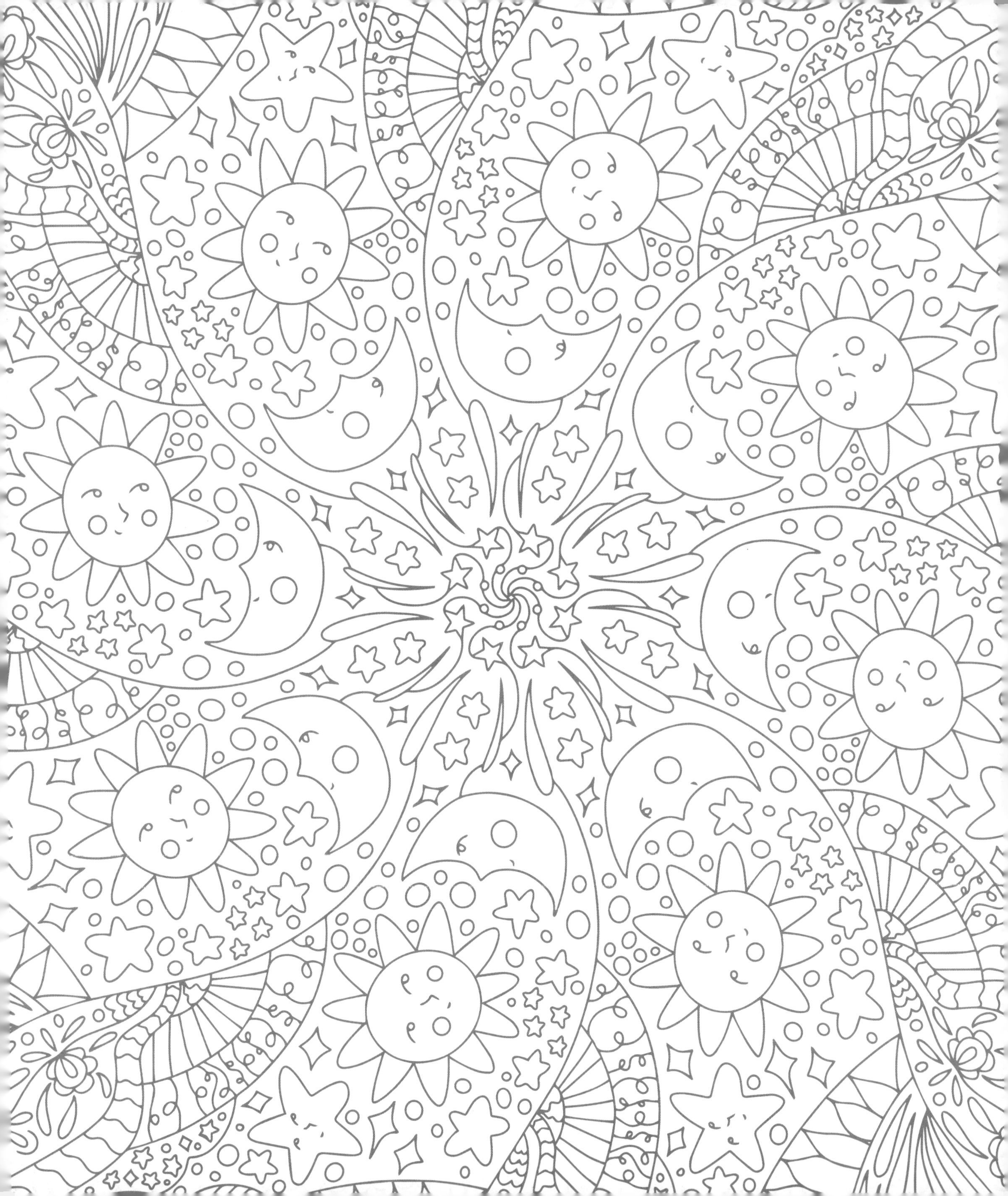

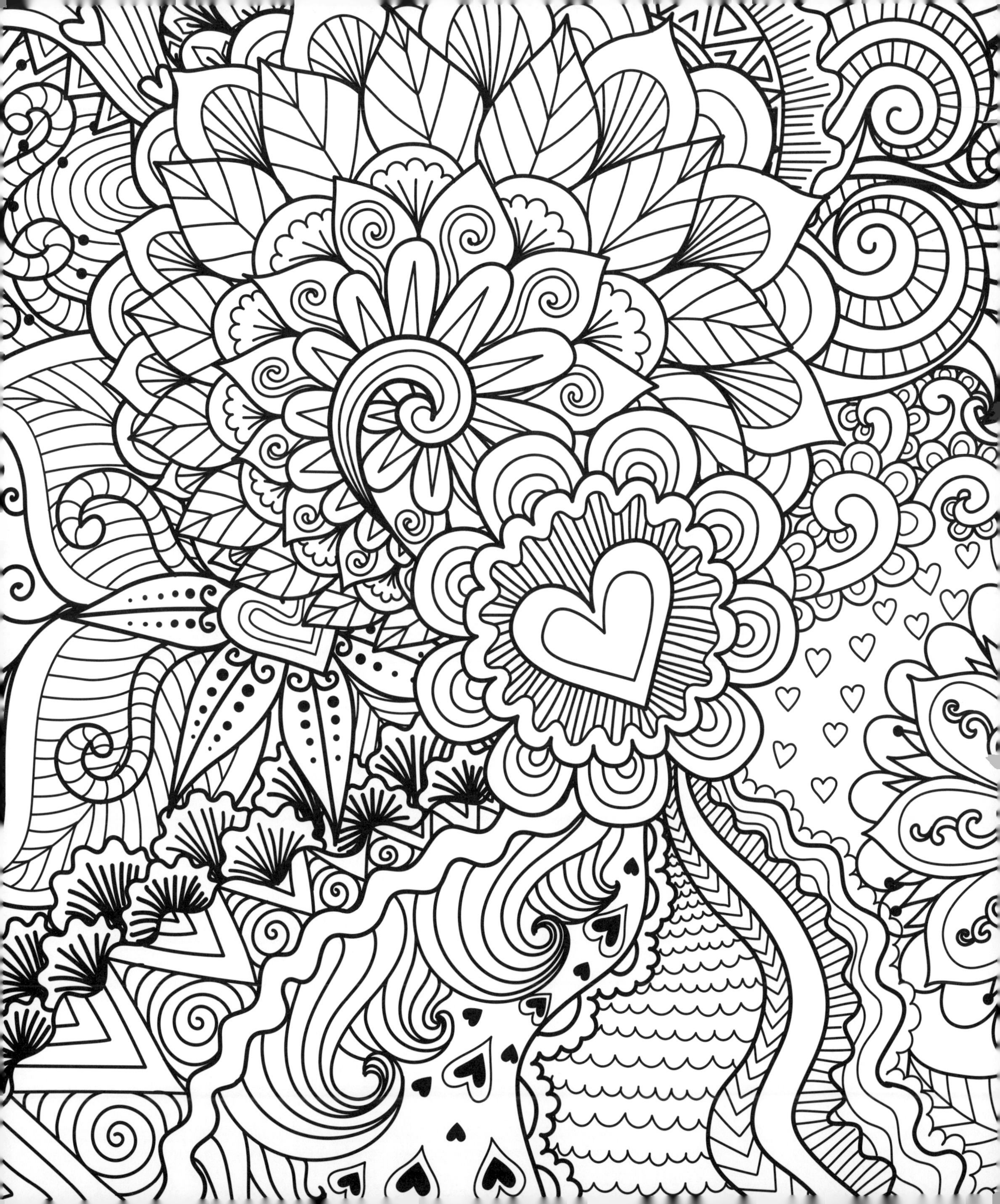

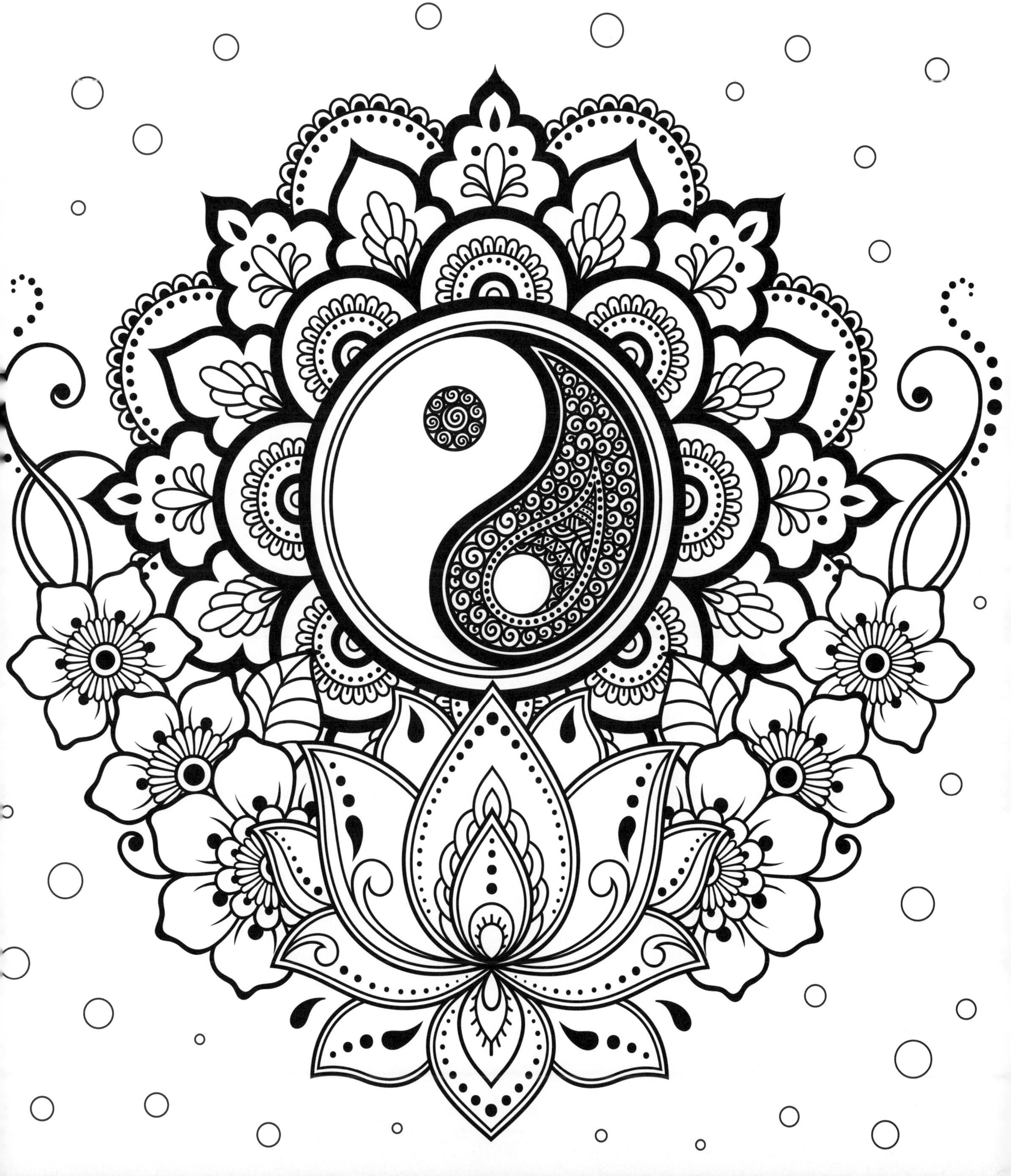

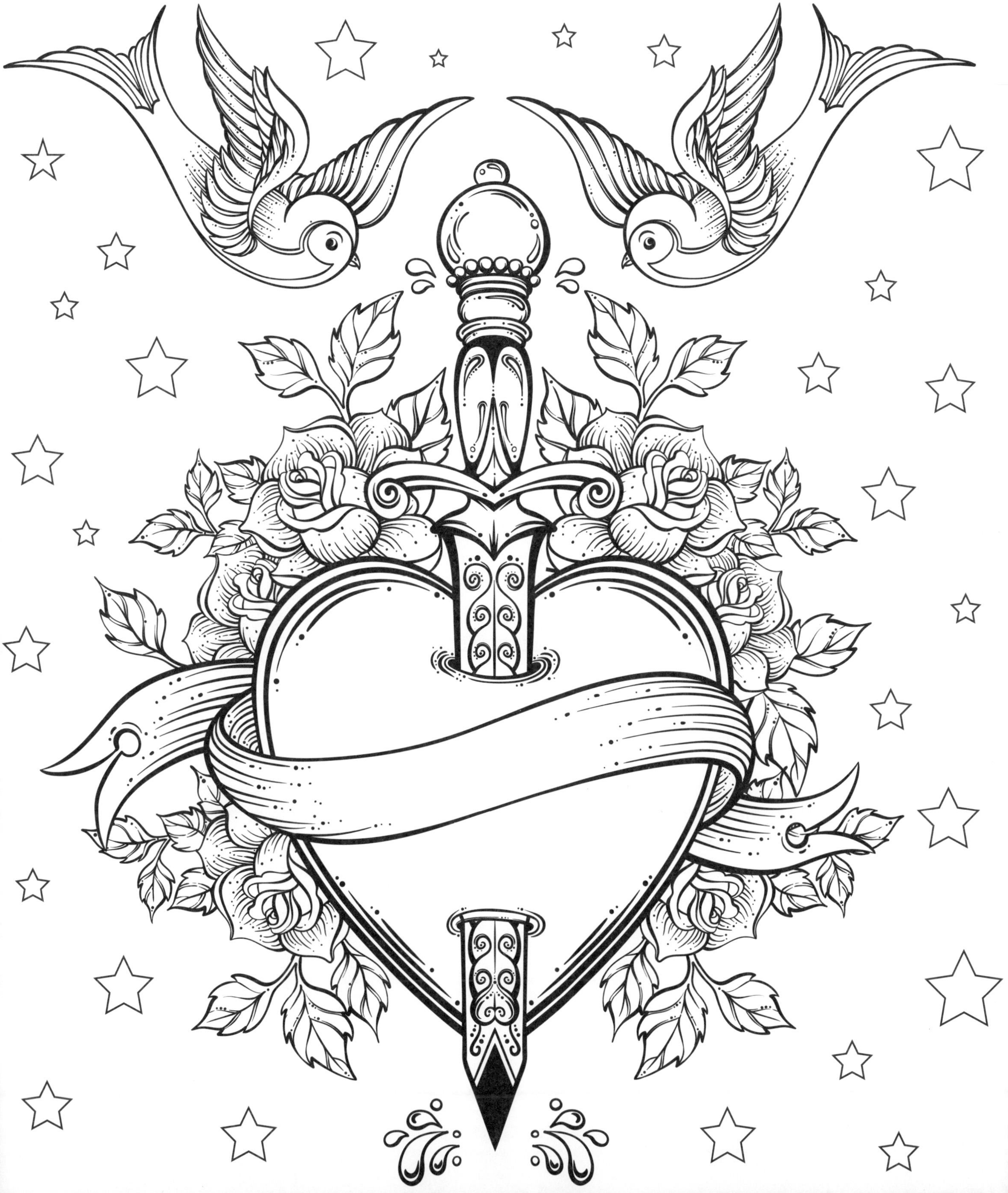

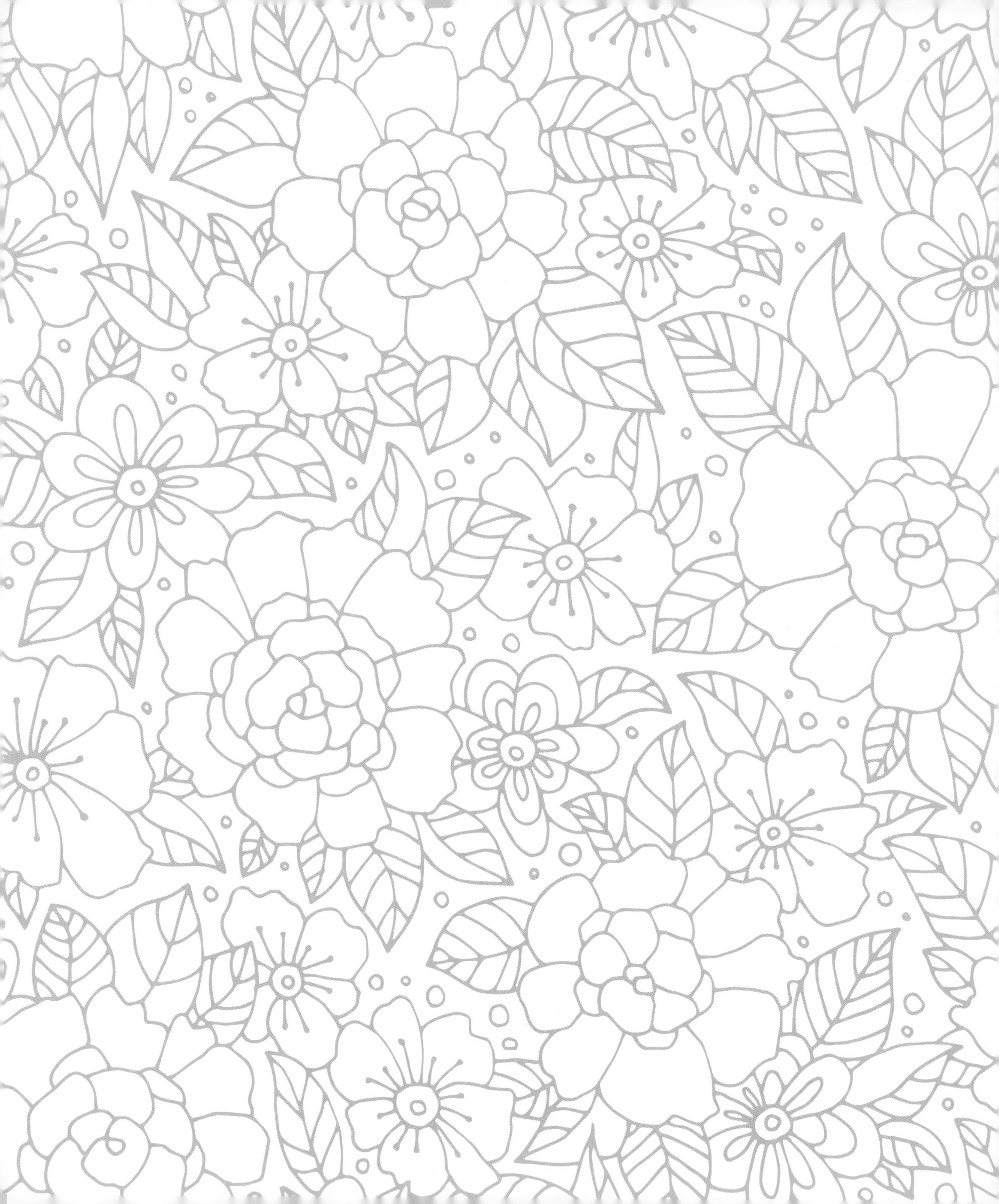

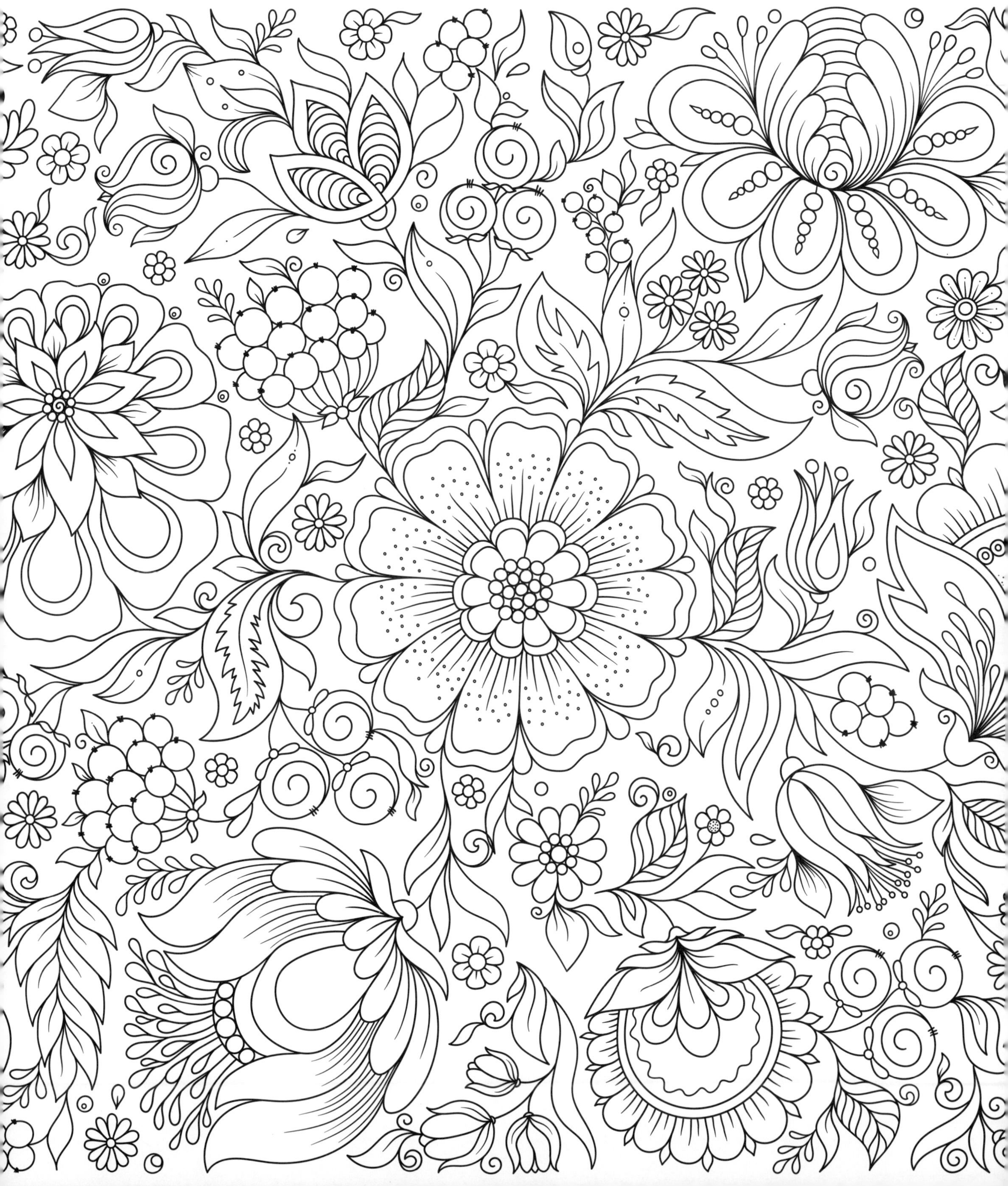

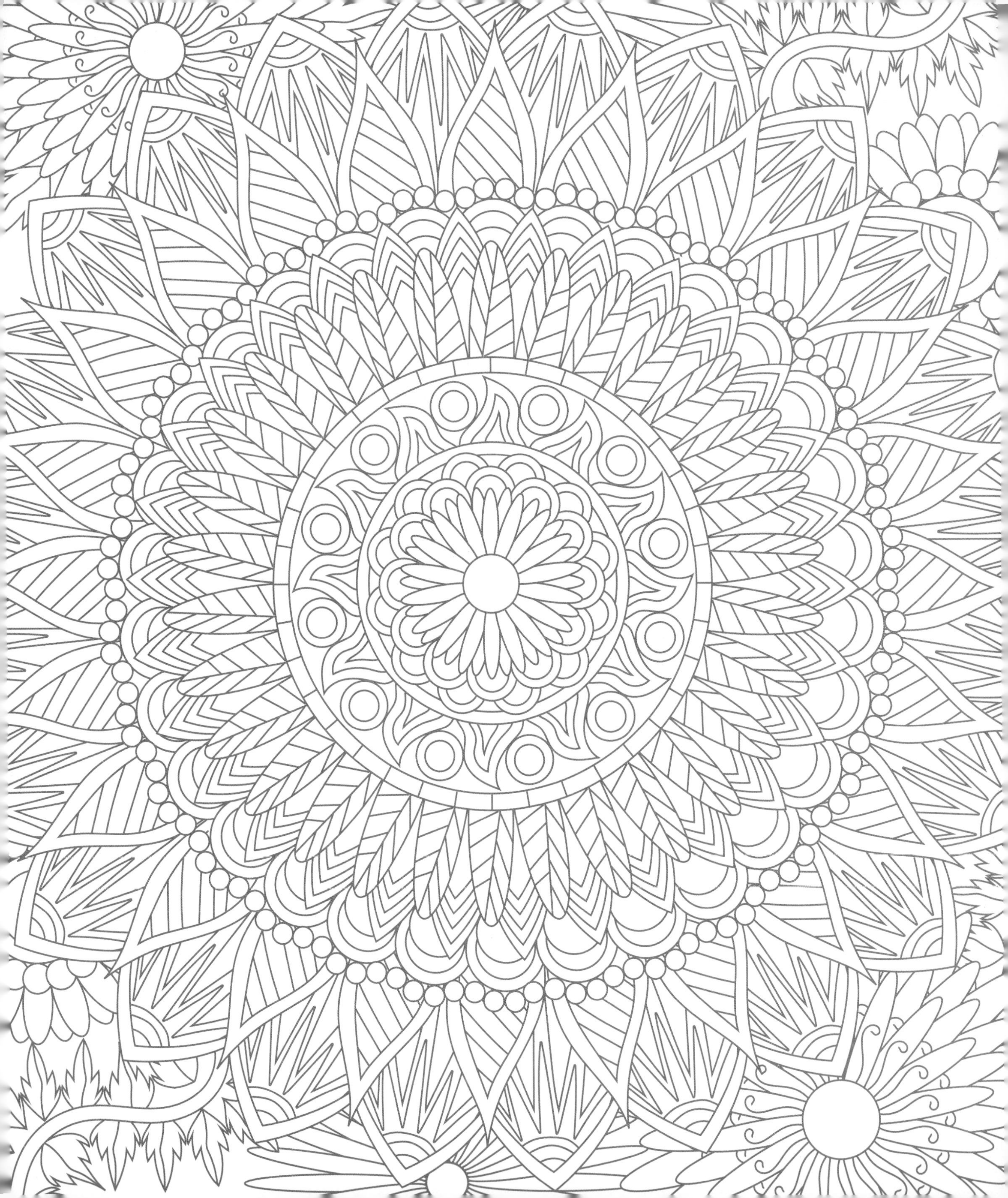

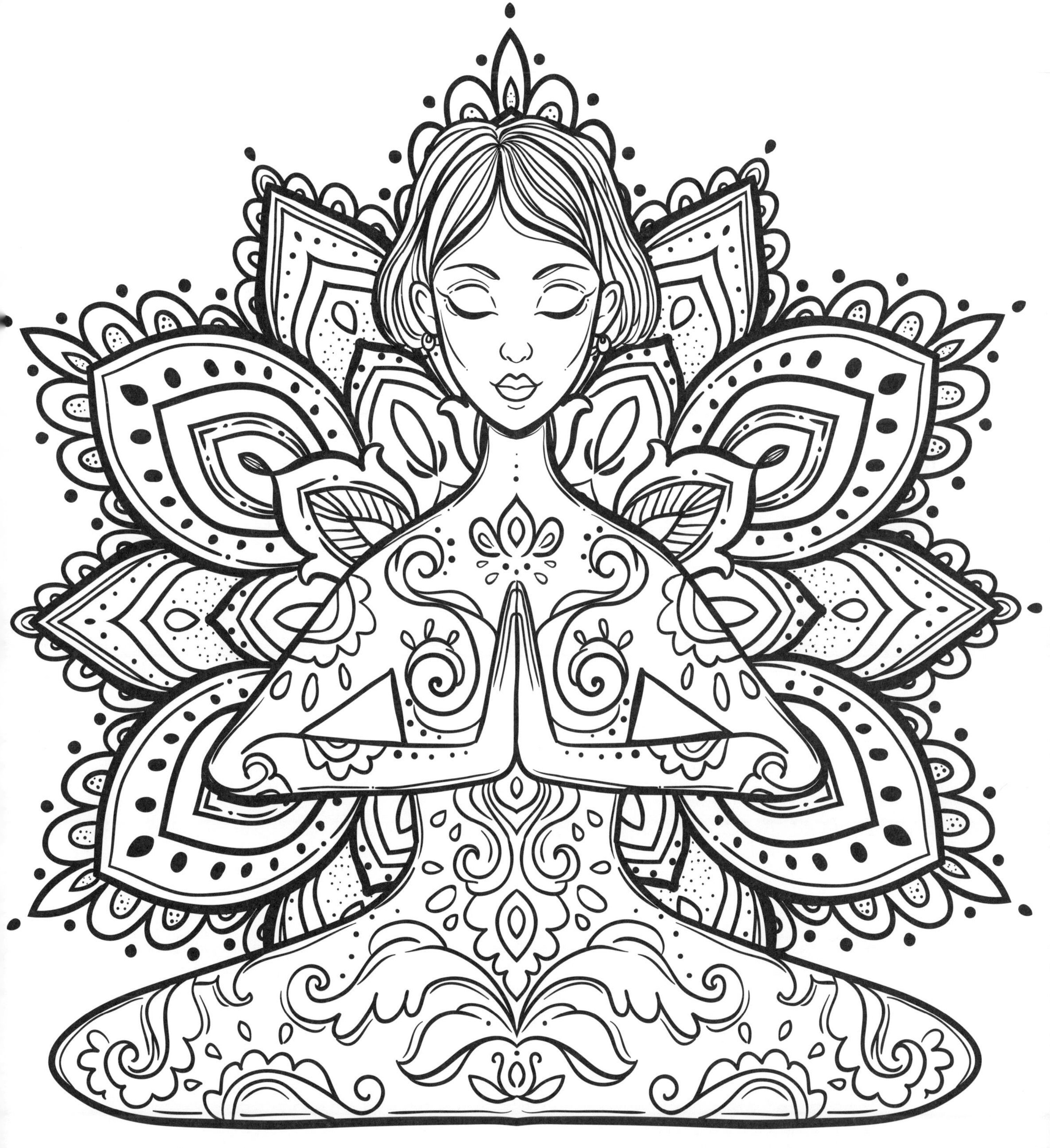

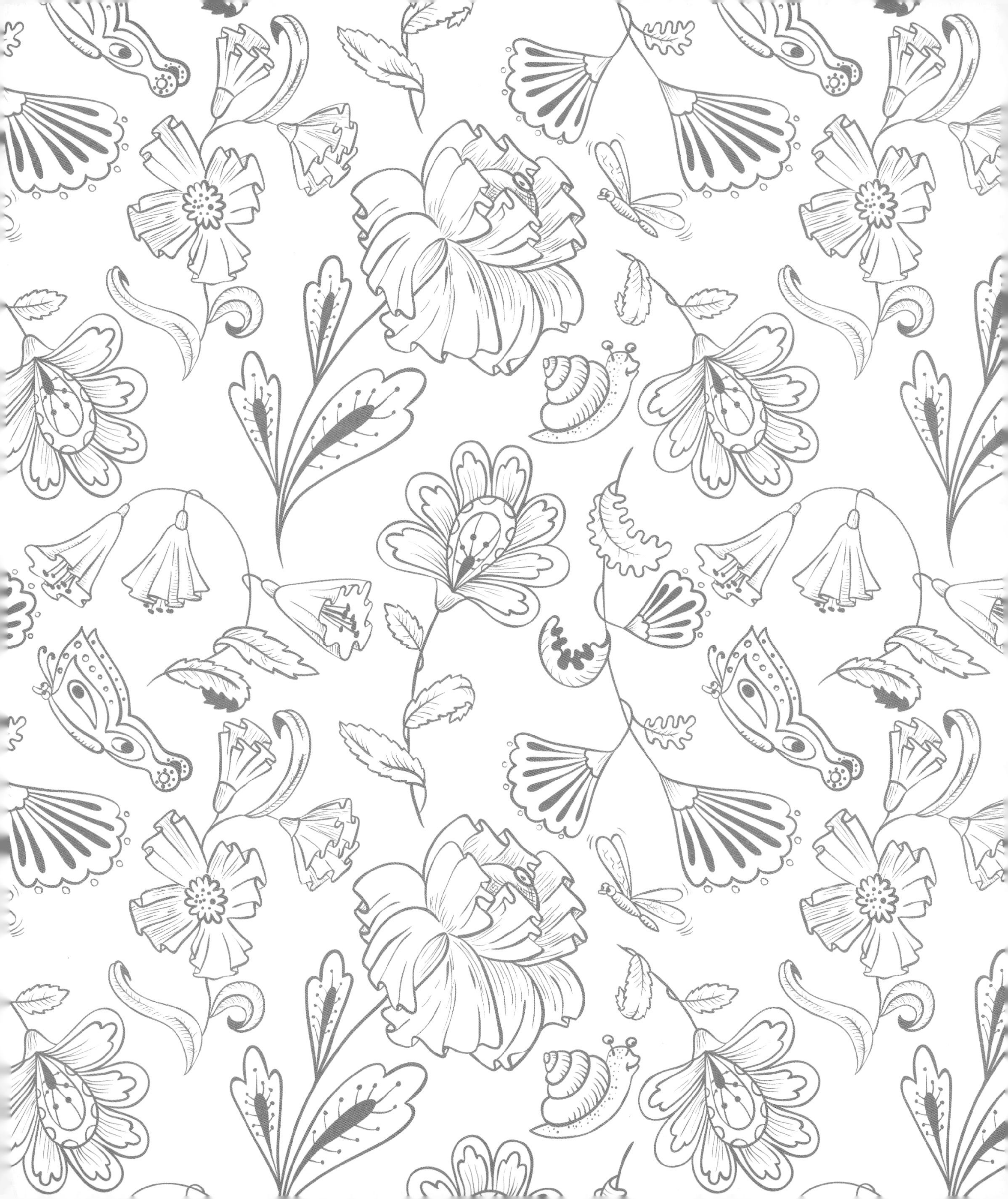

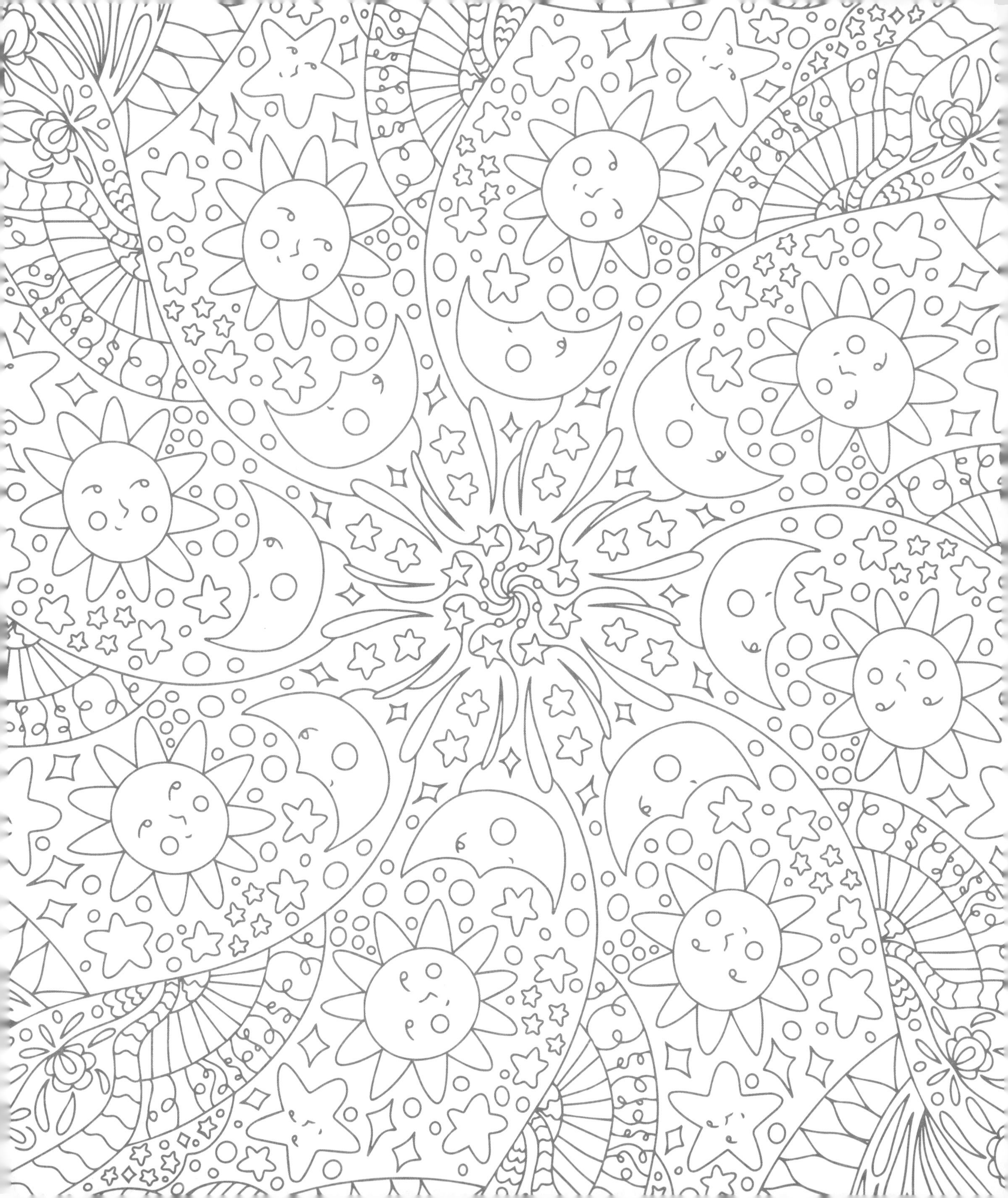

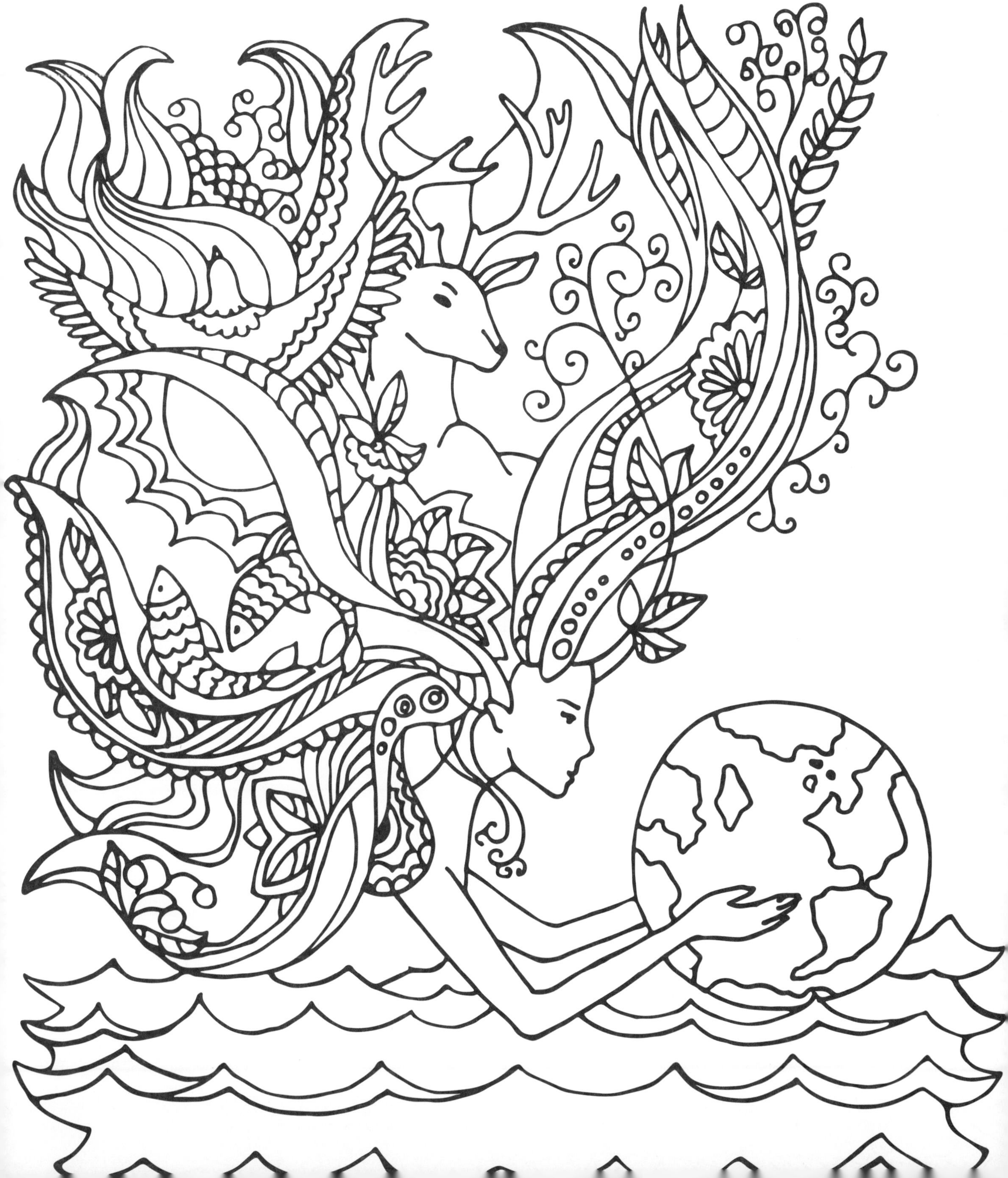

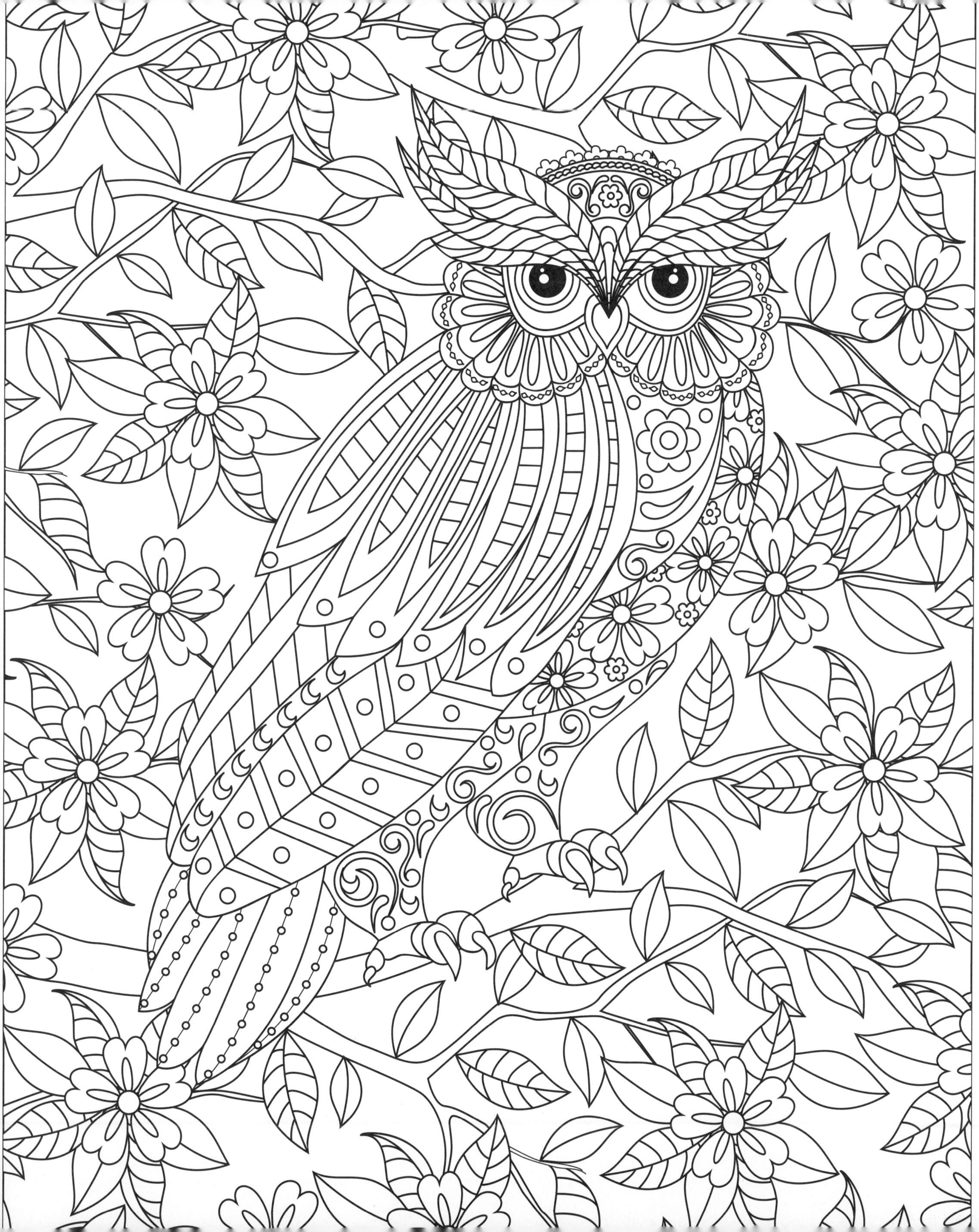

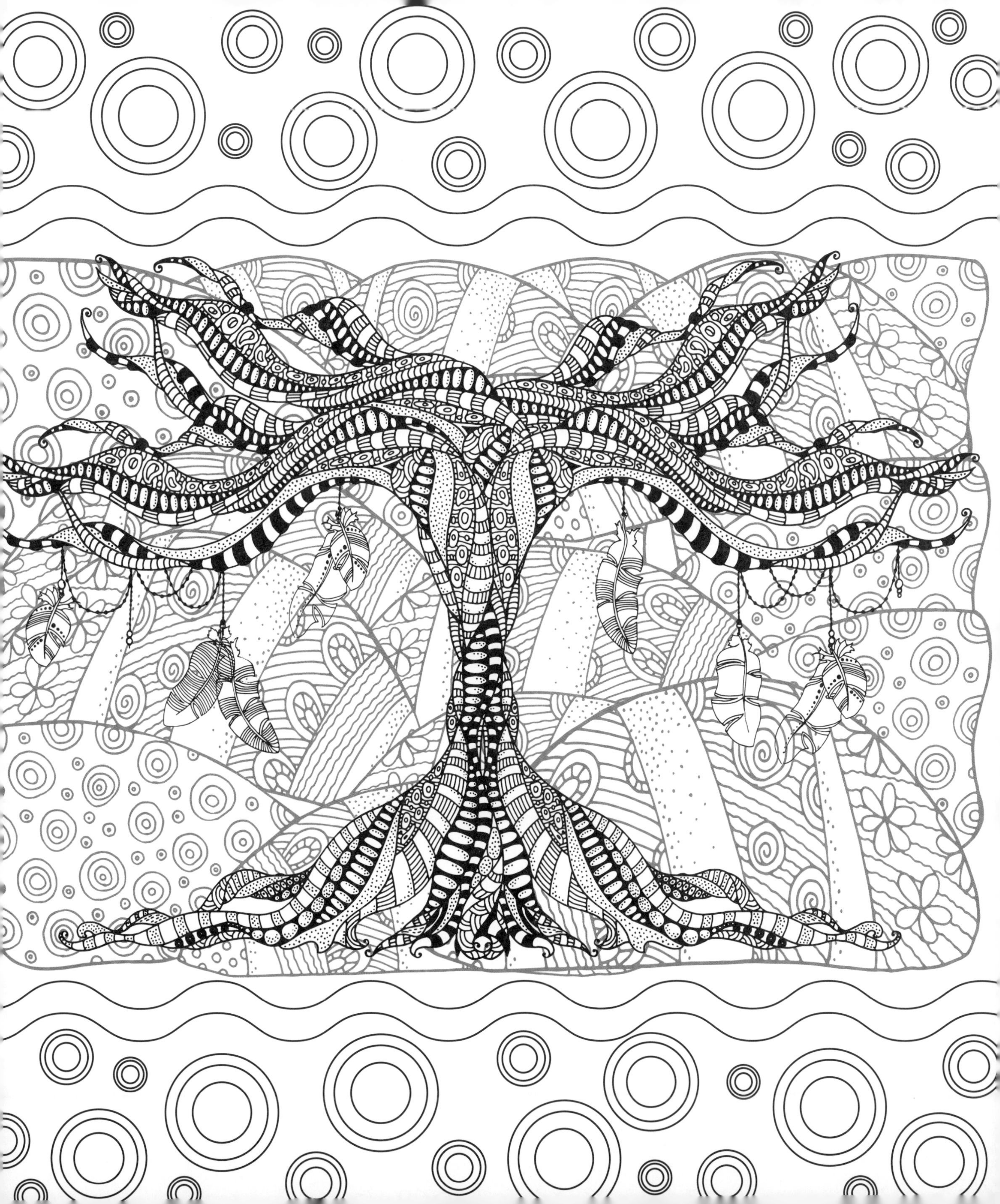

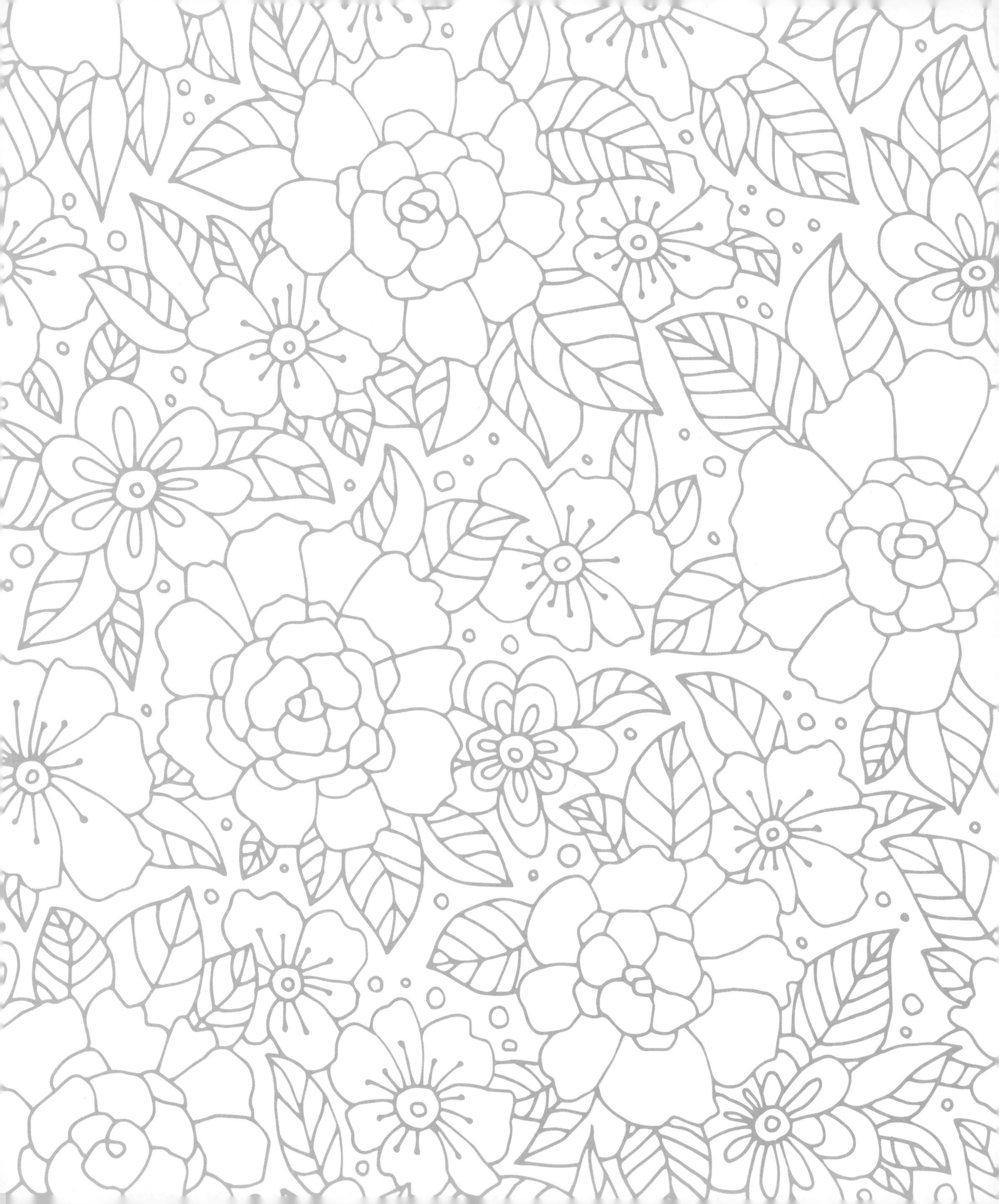

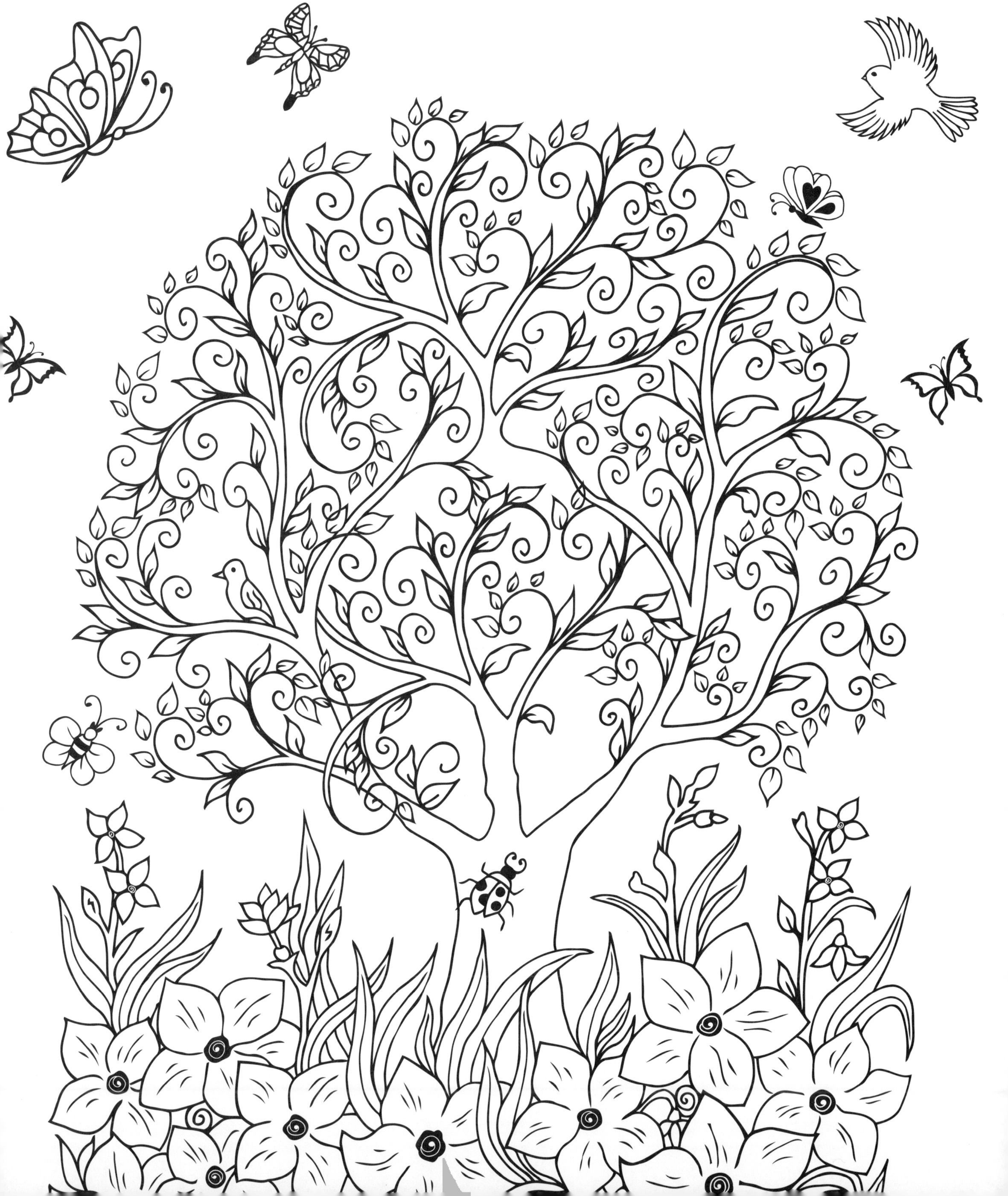

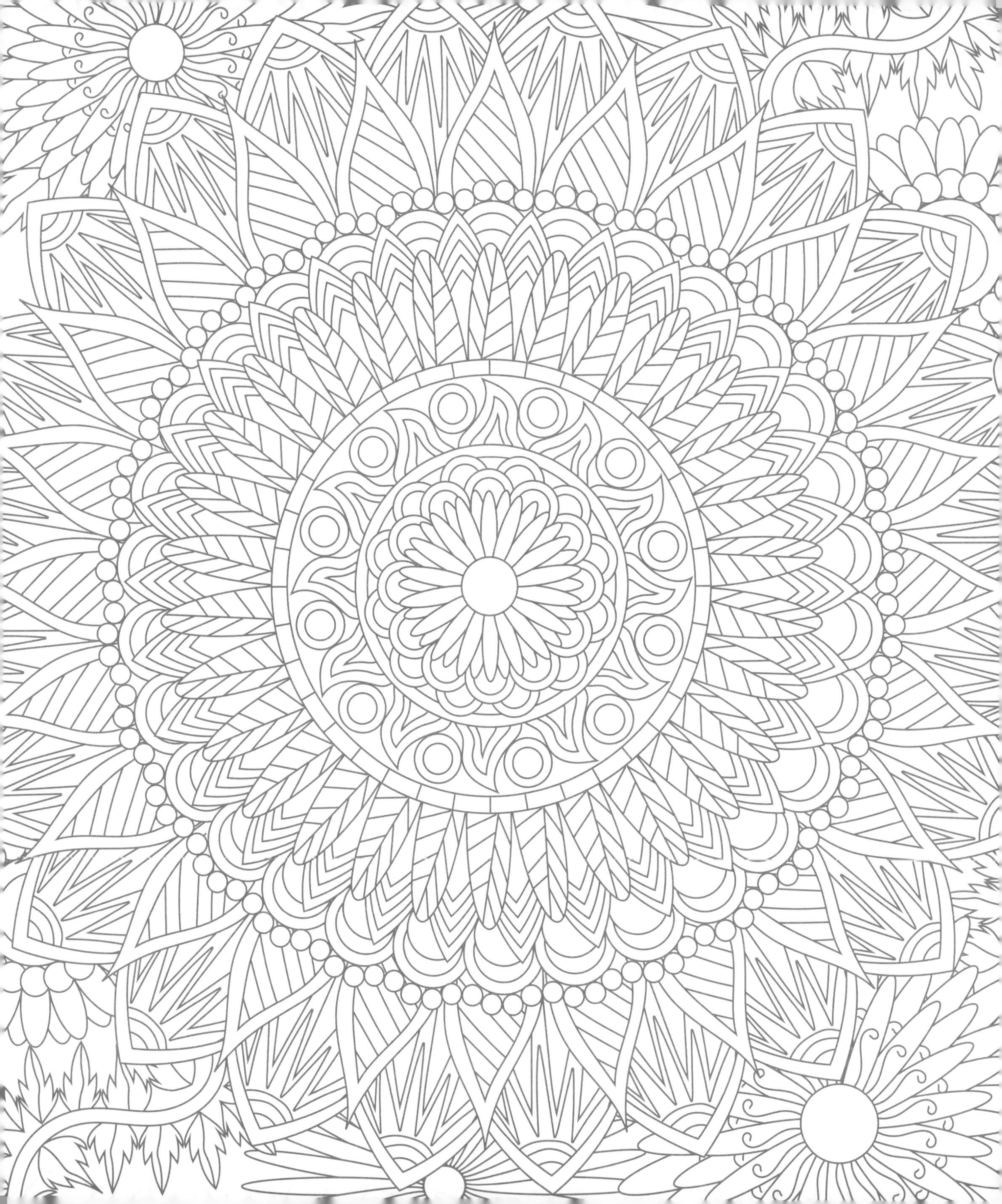

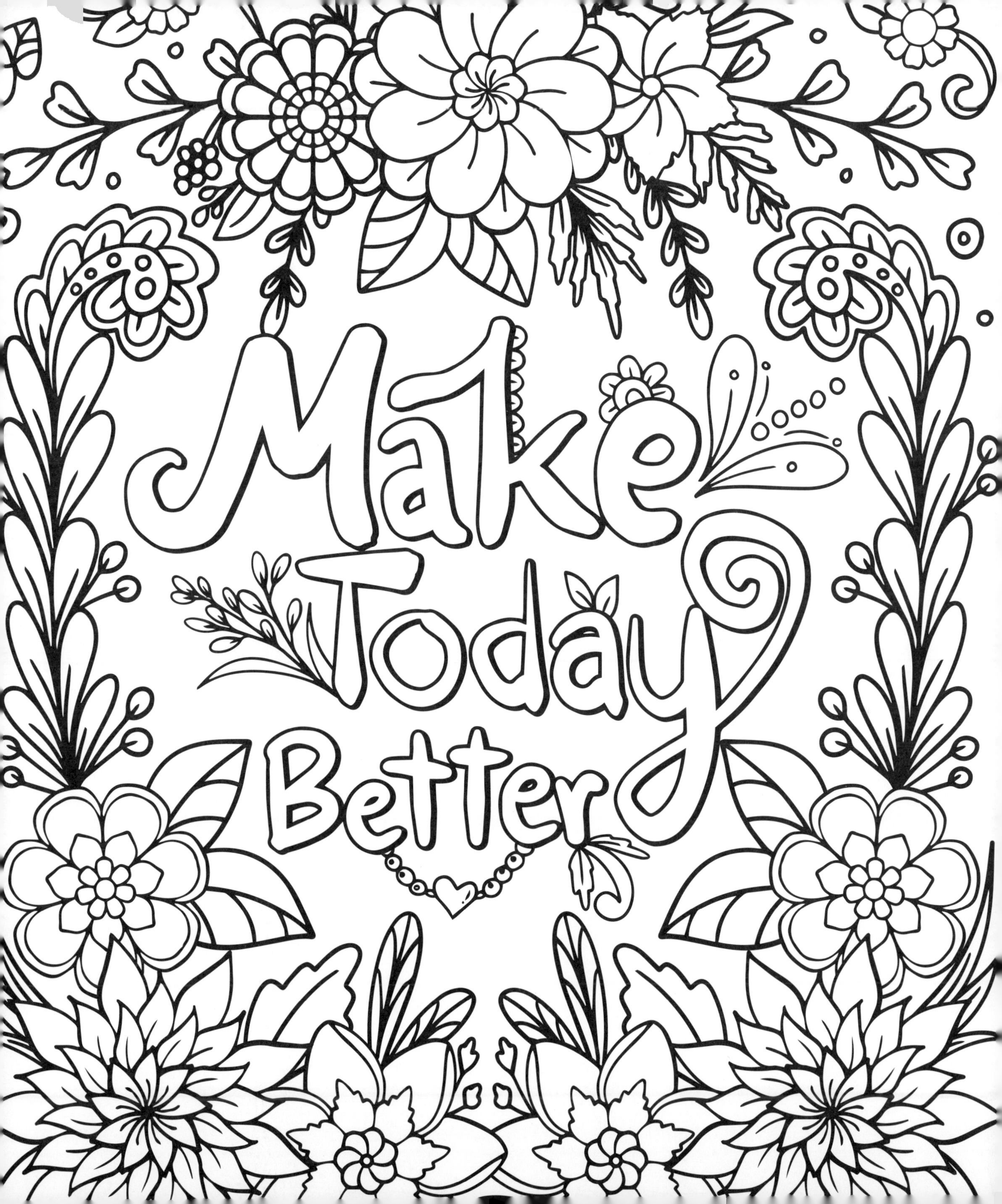
Make
Today
Better

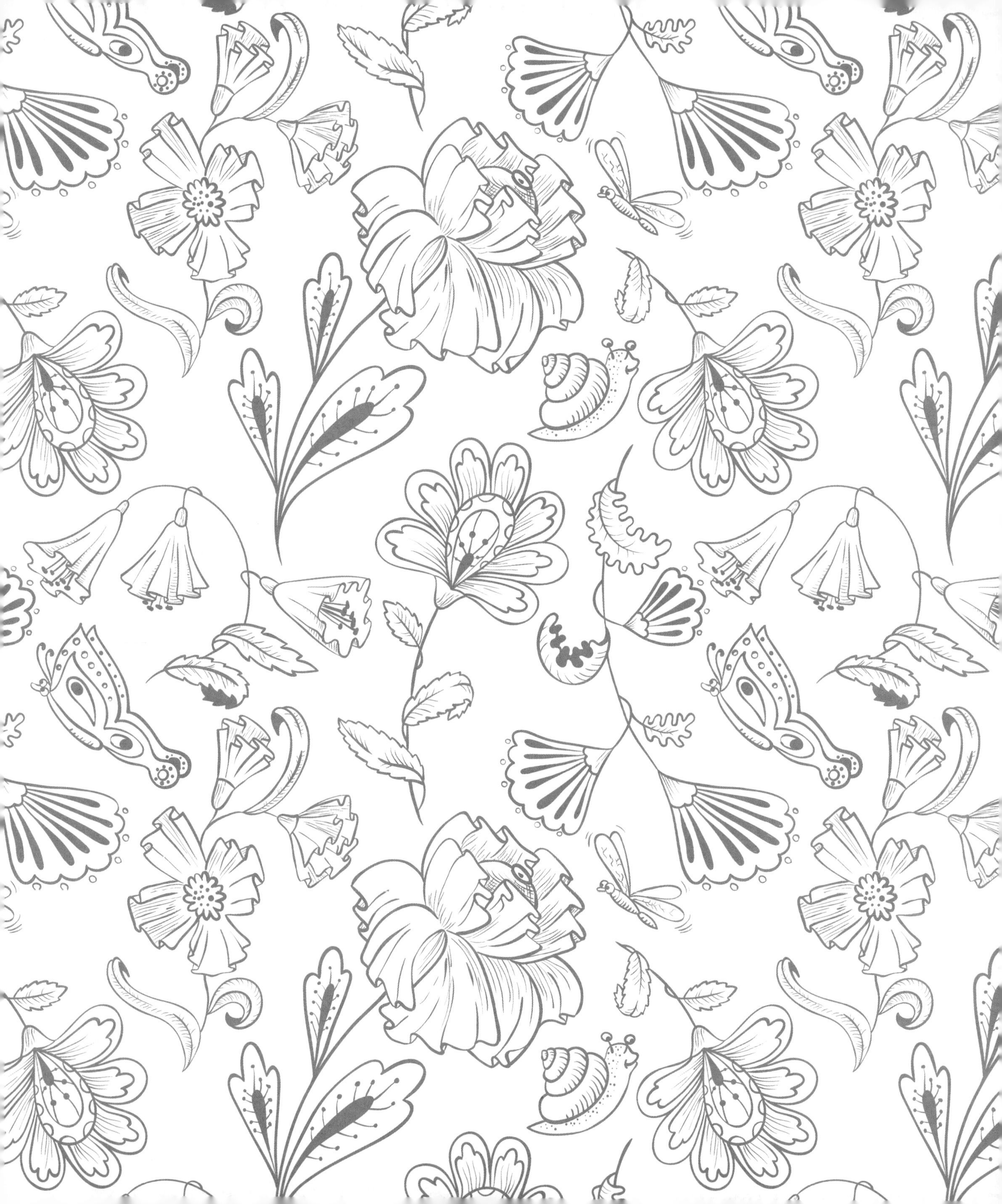

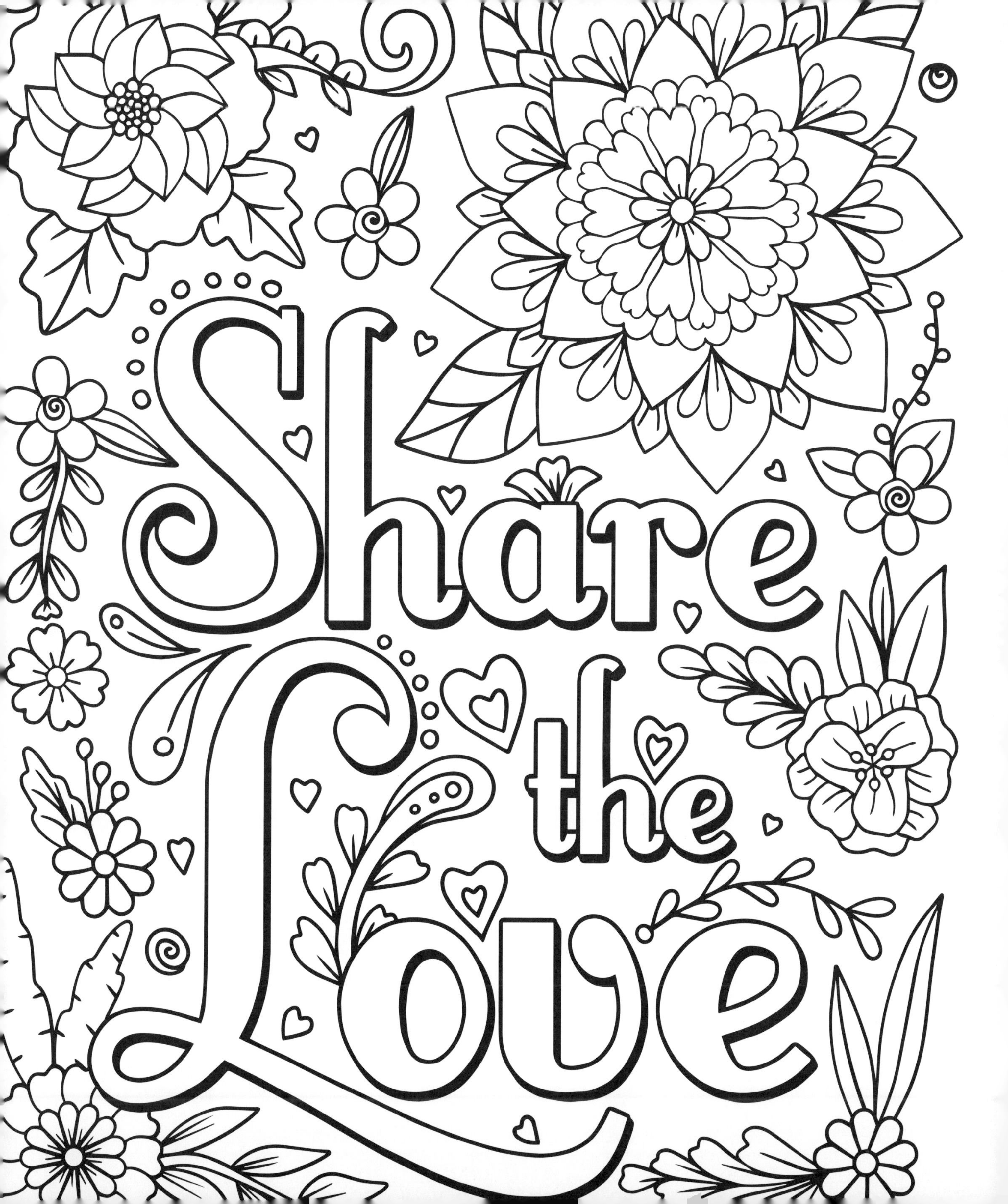
Share the Love

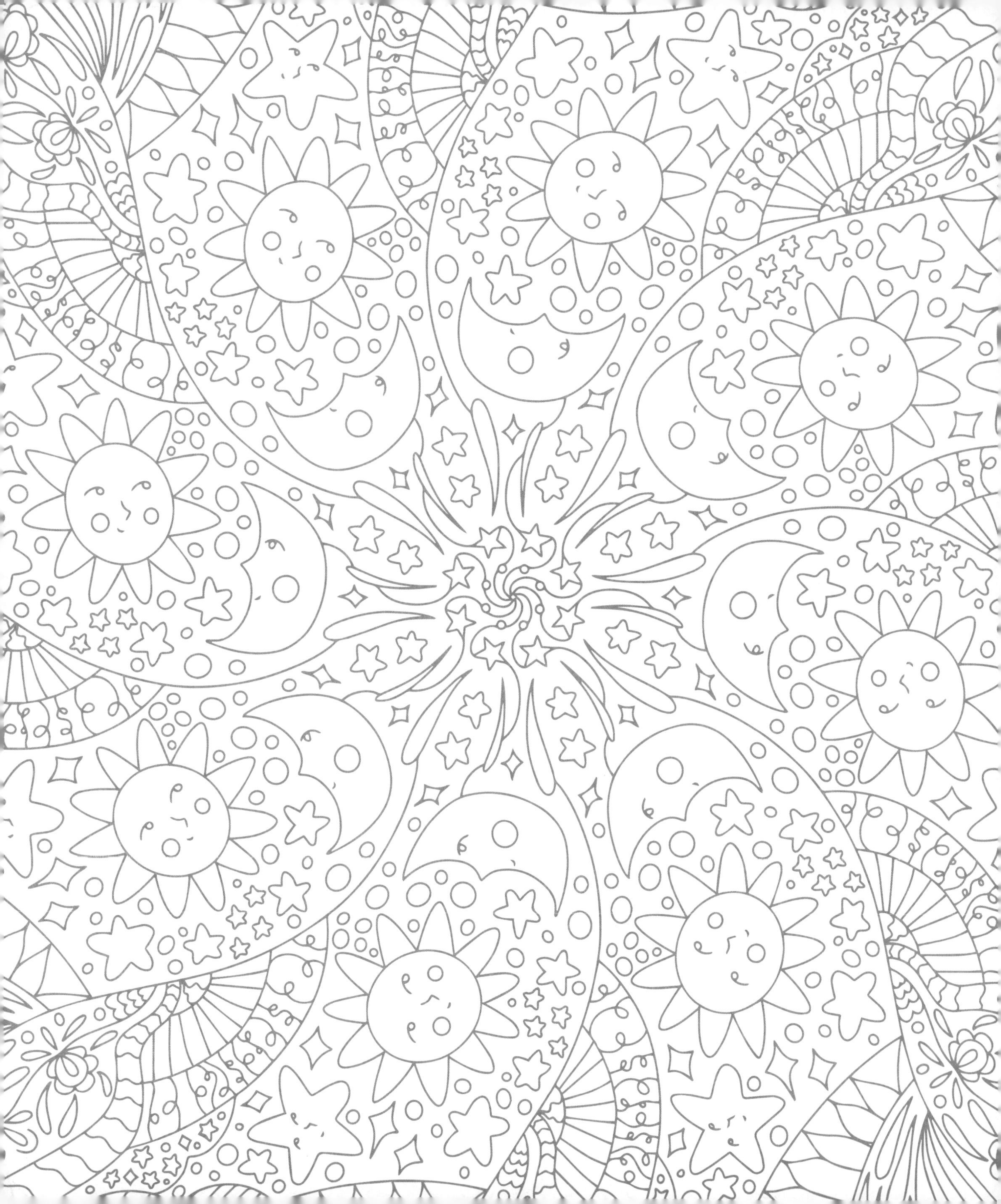

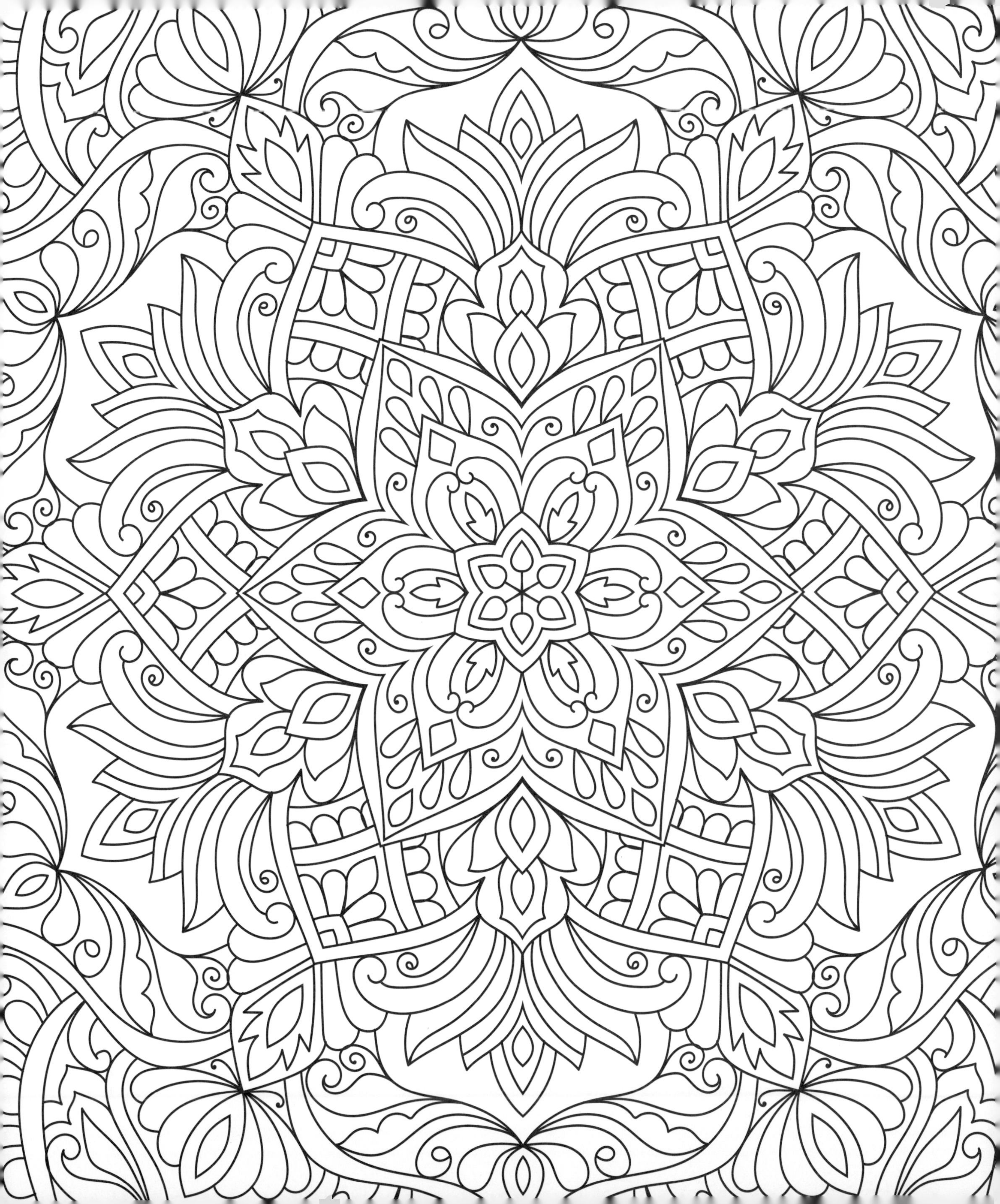

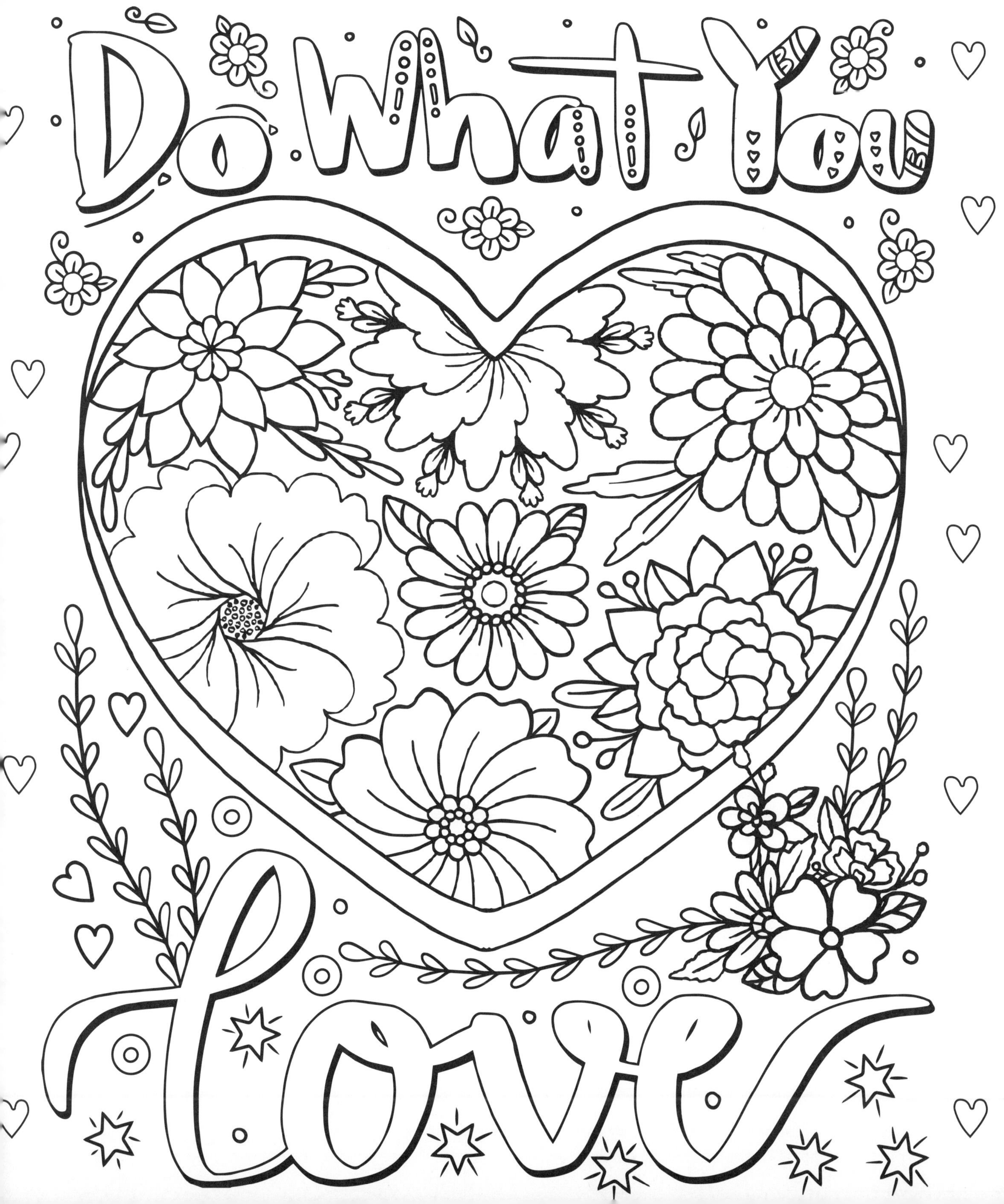
Do What You
love

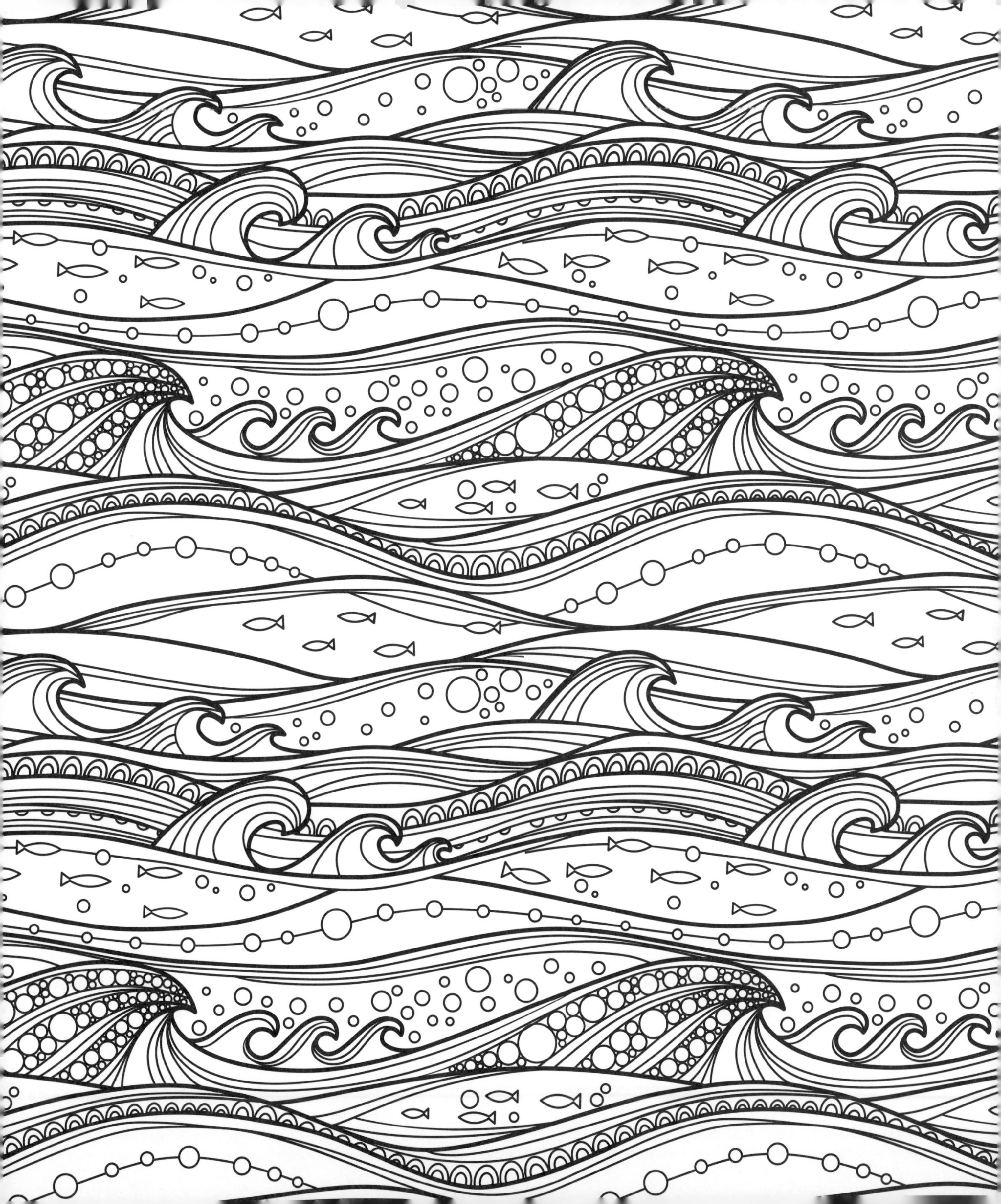

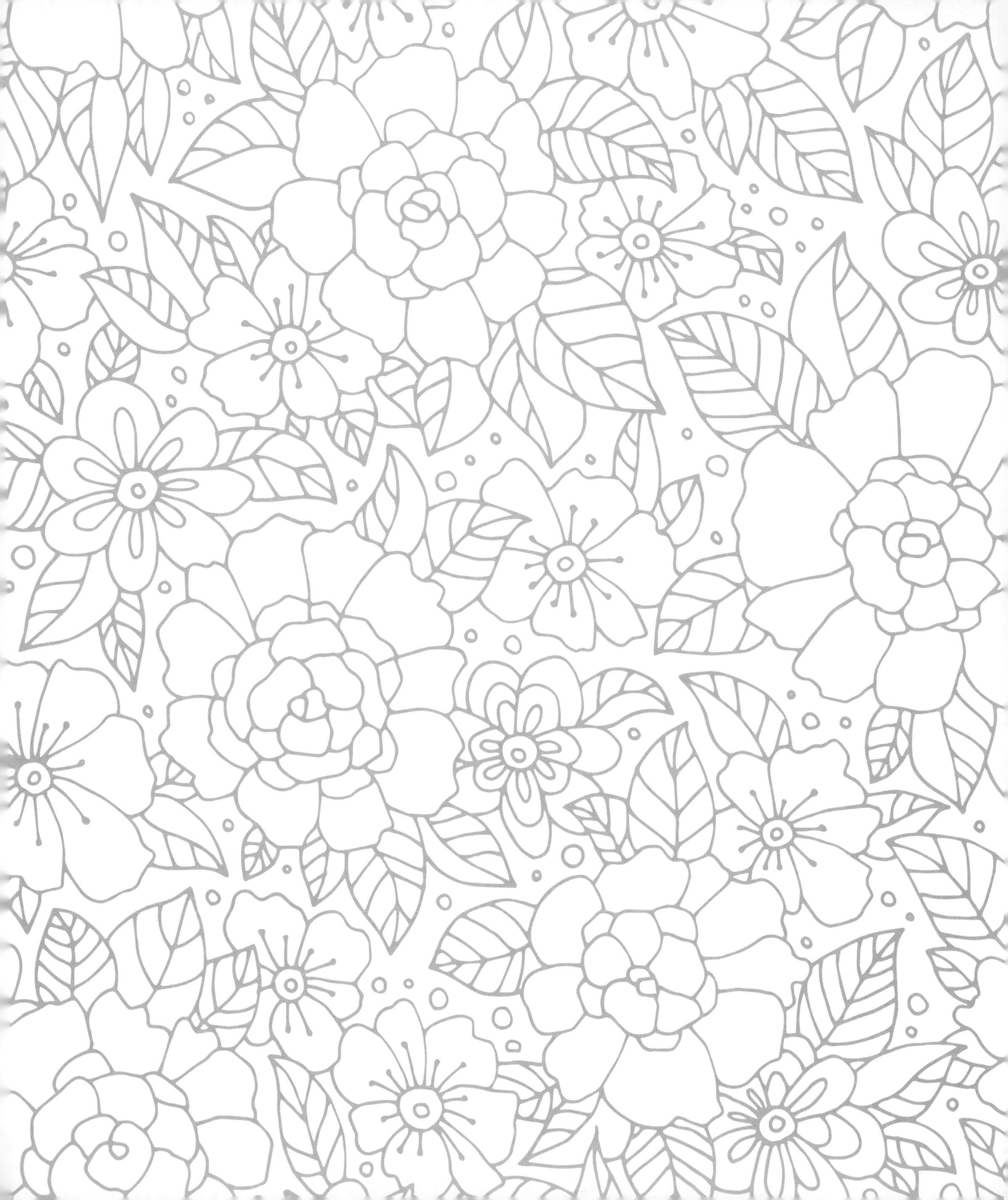

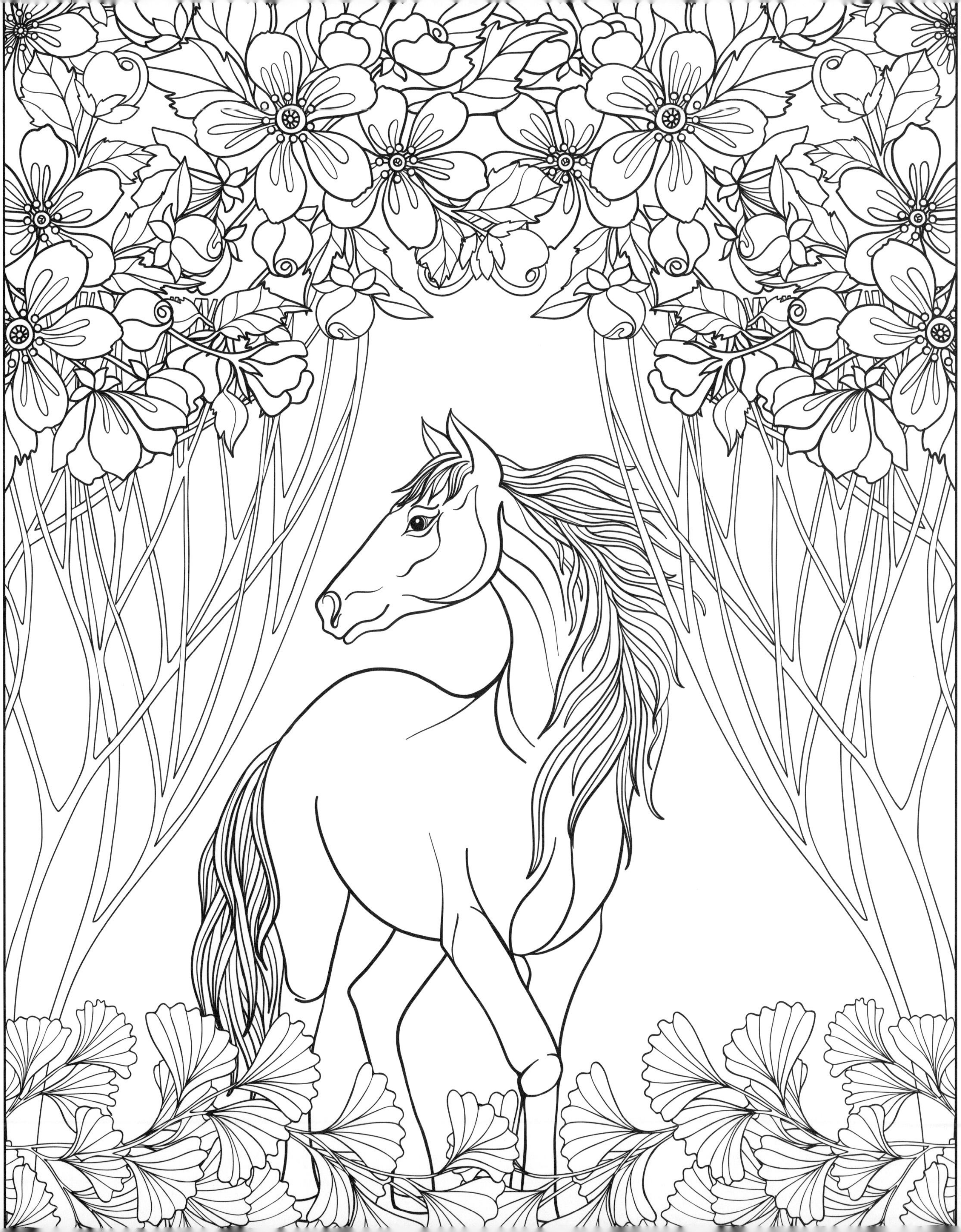

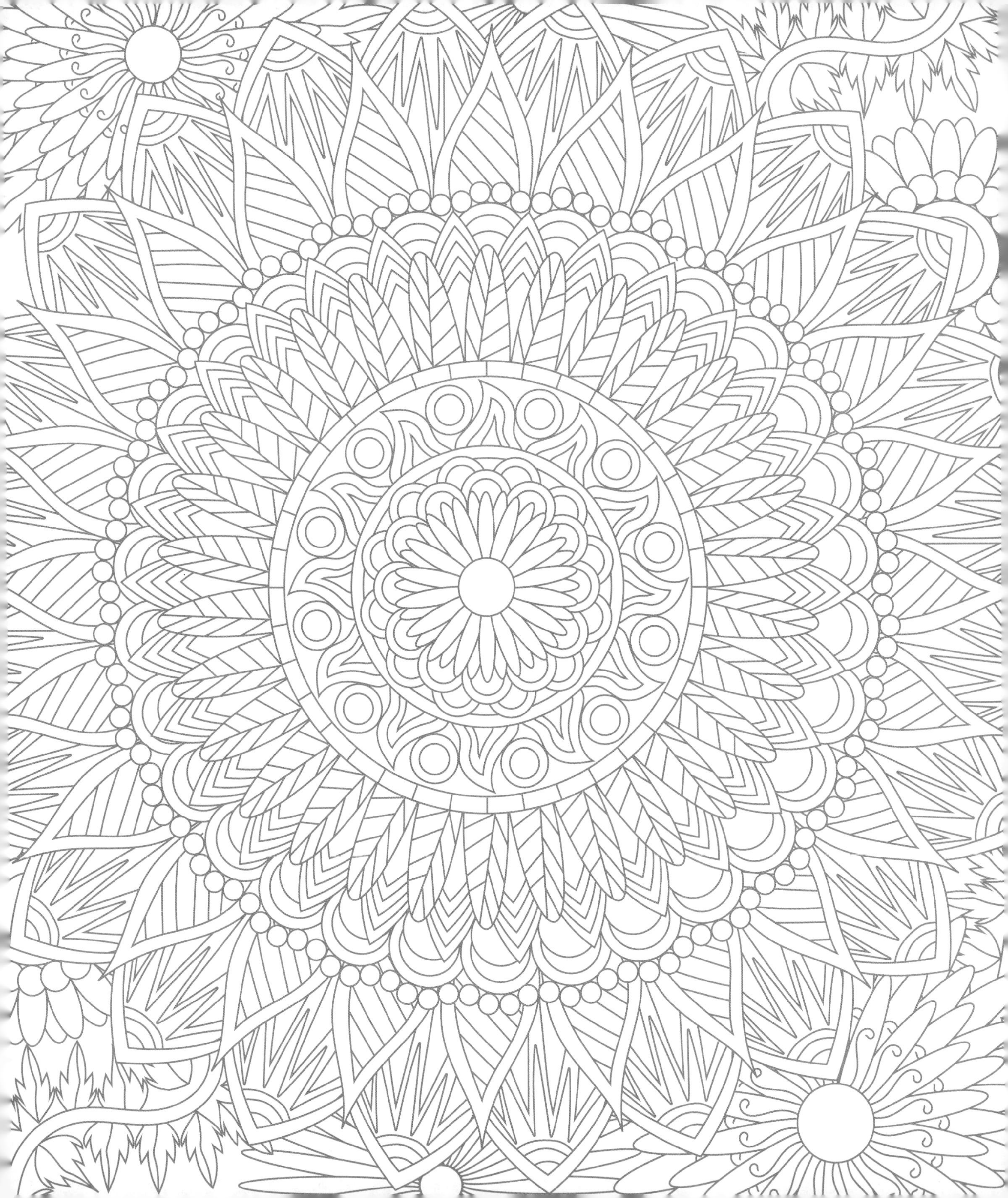

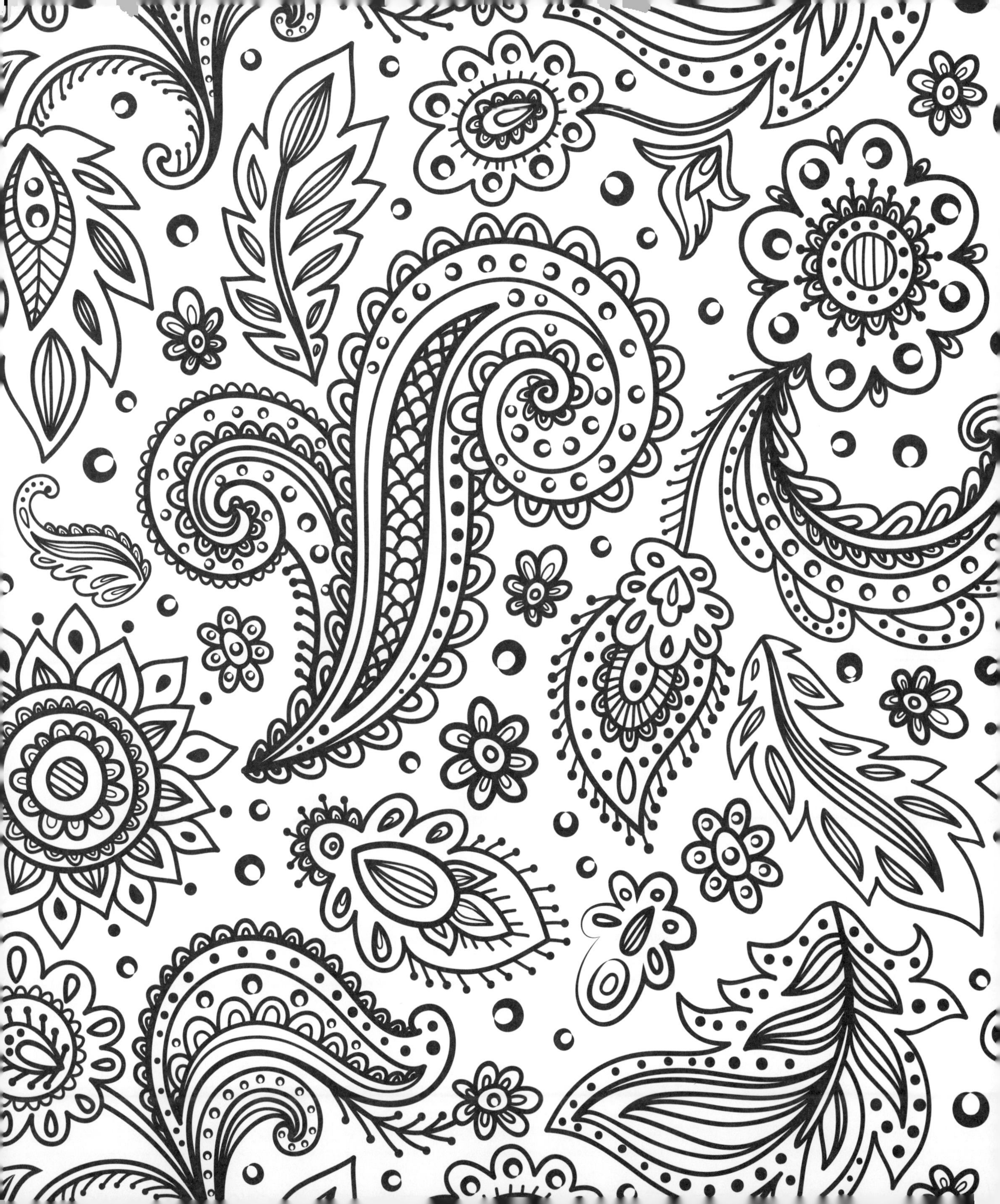

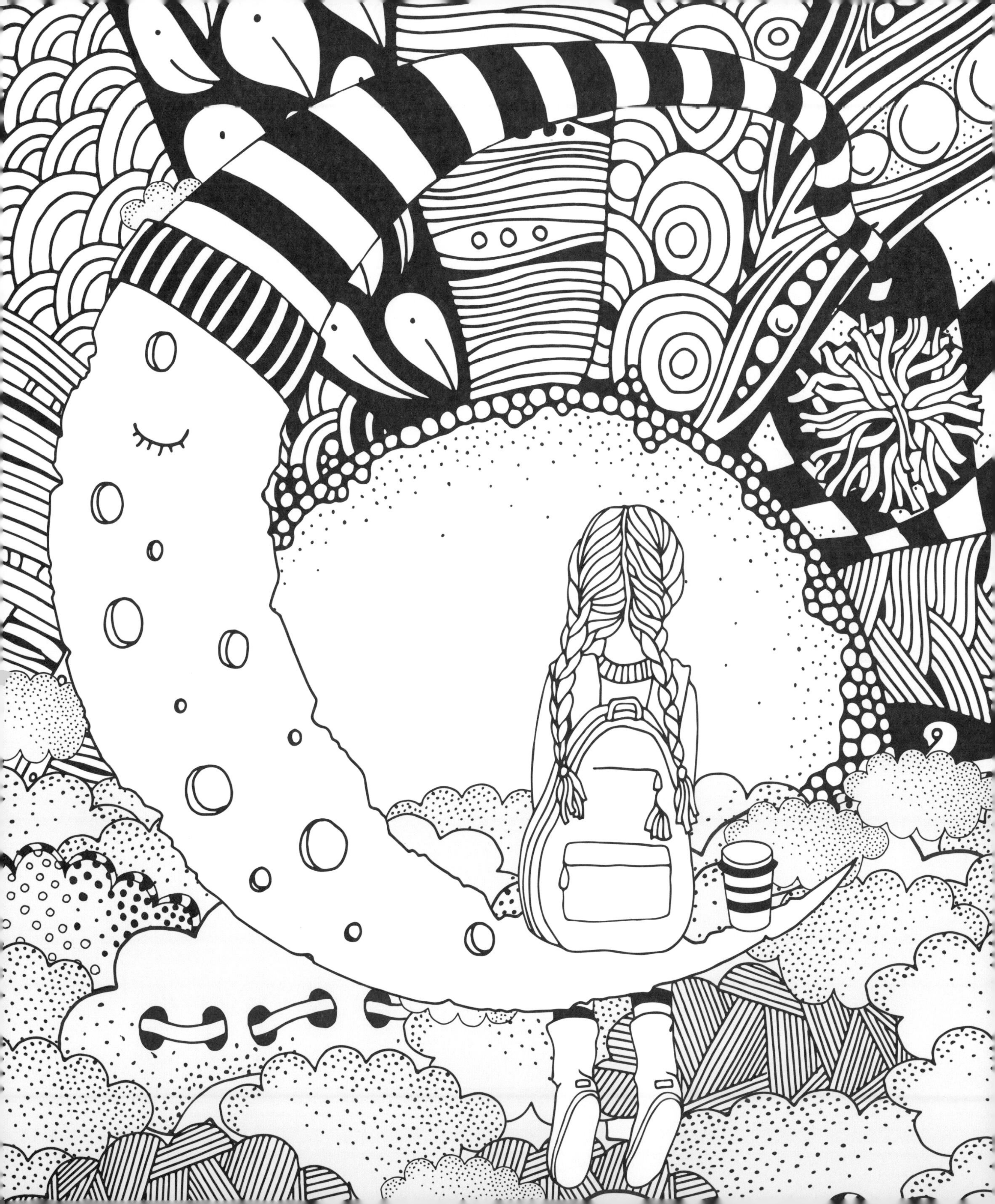

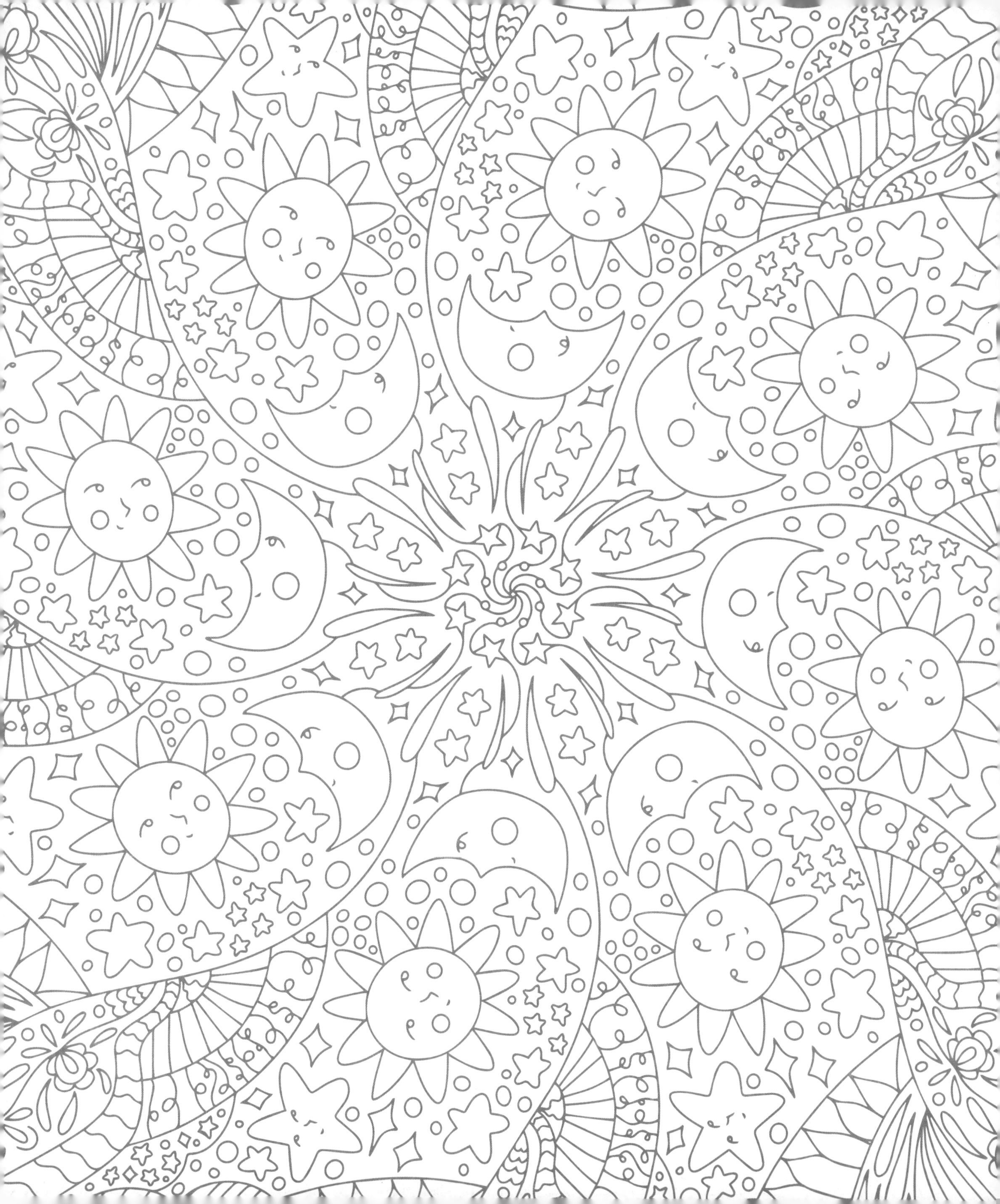

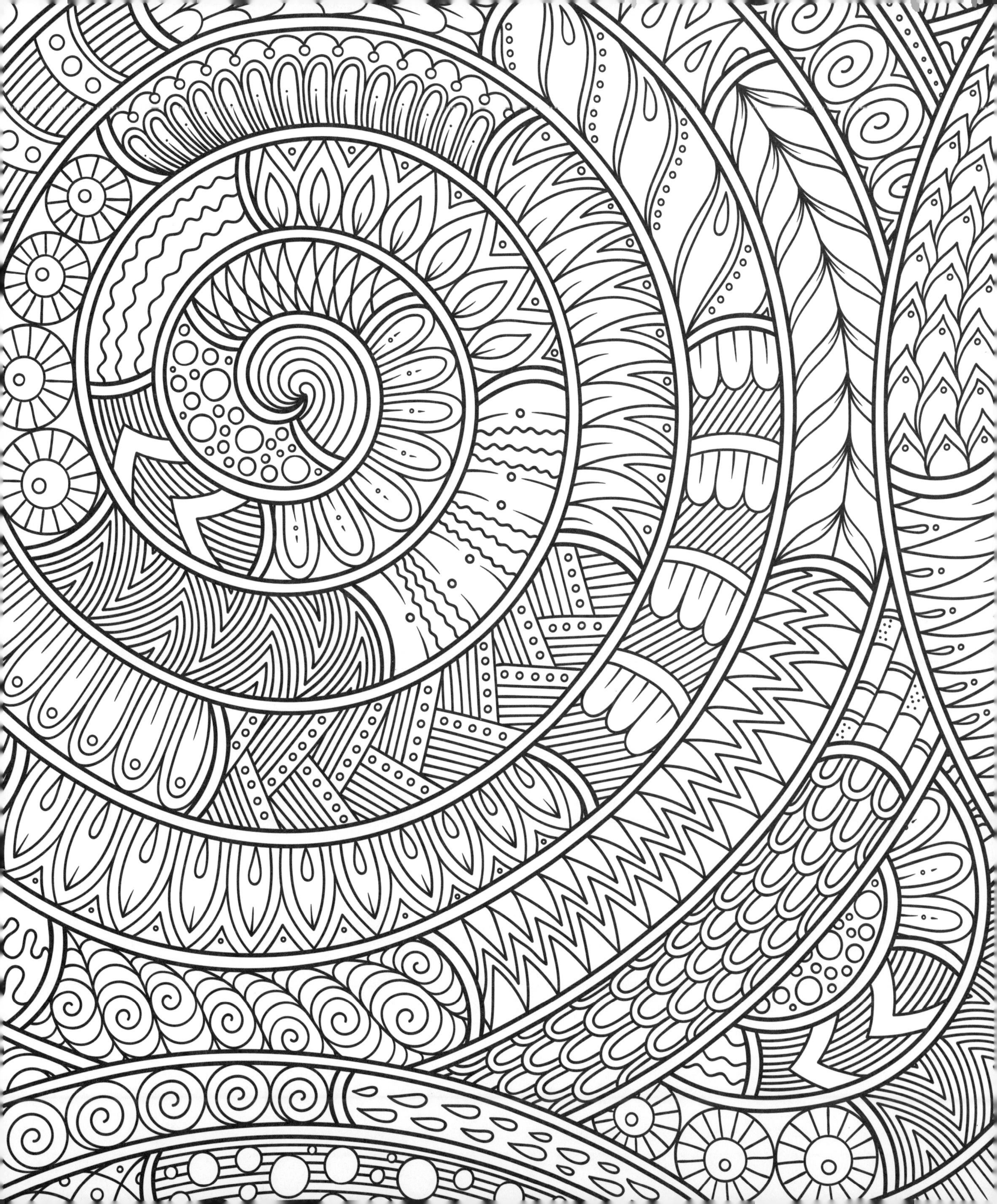

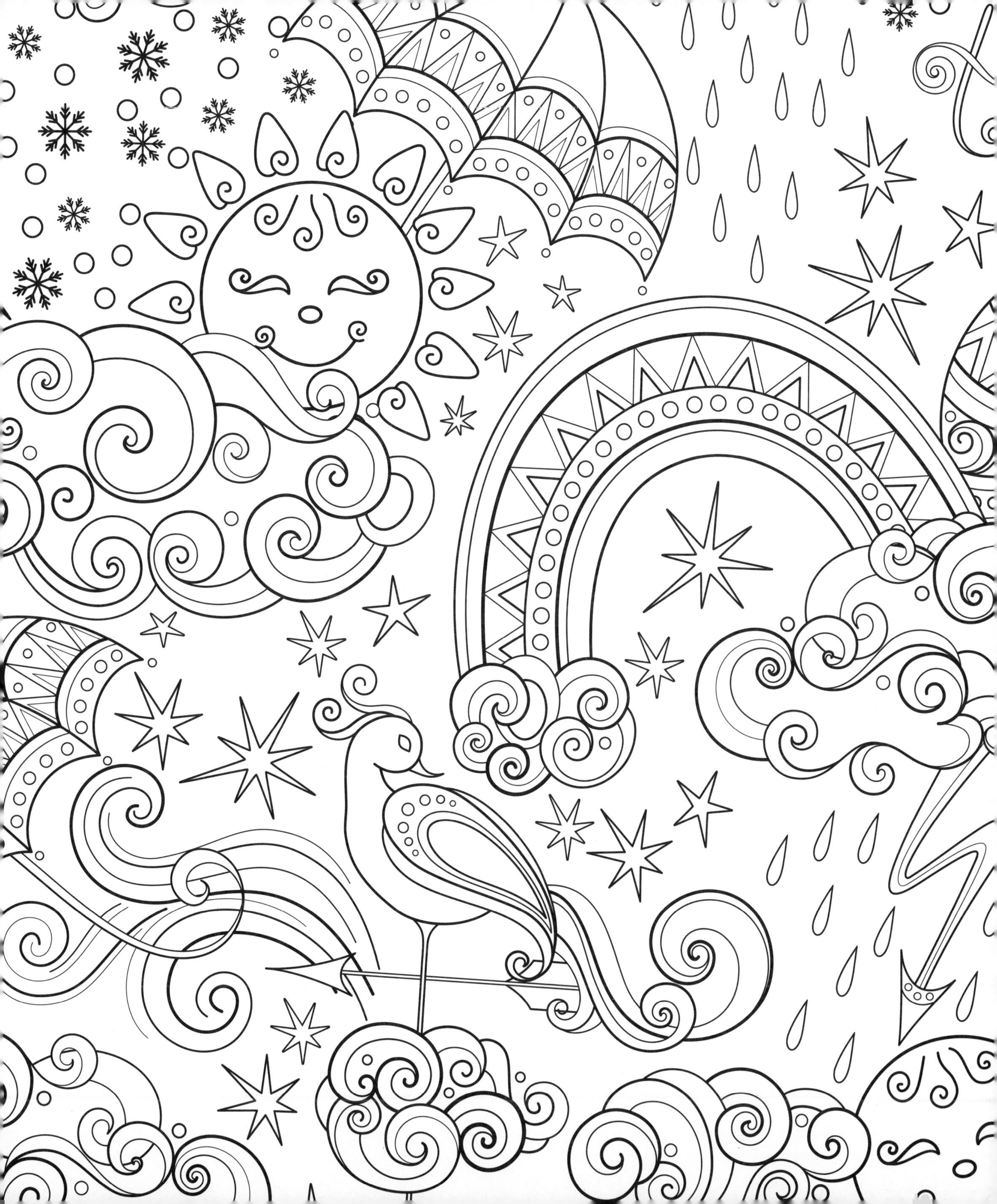

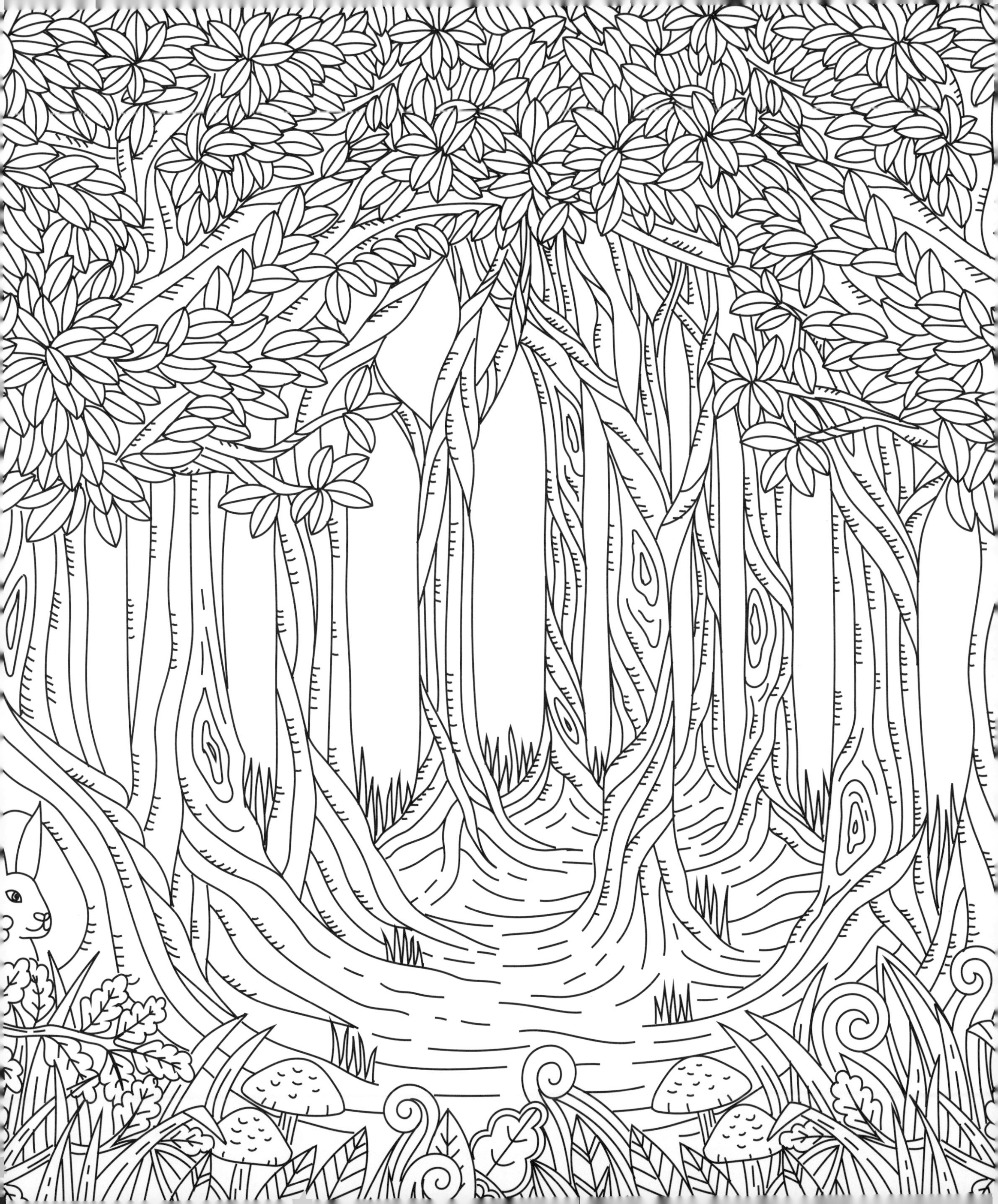

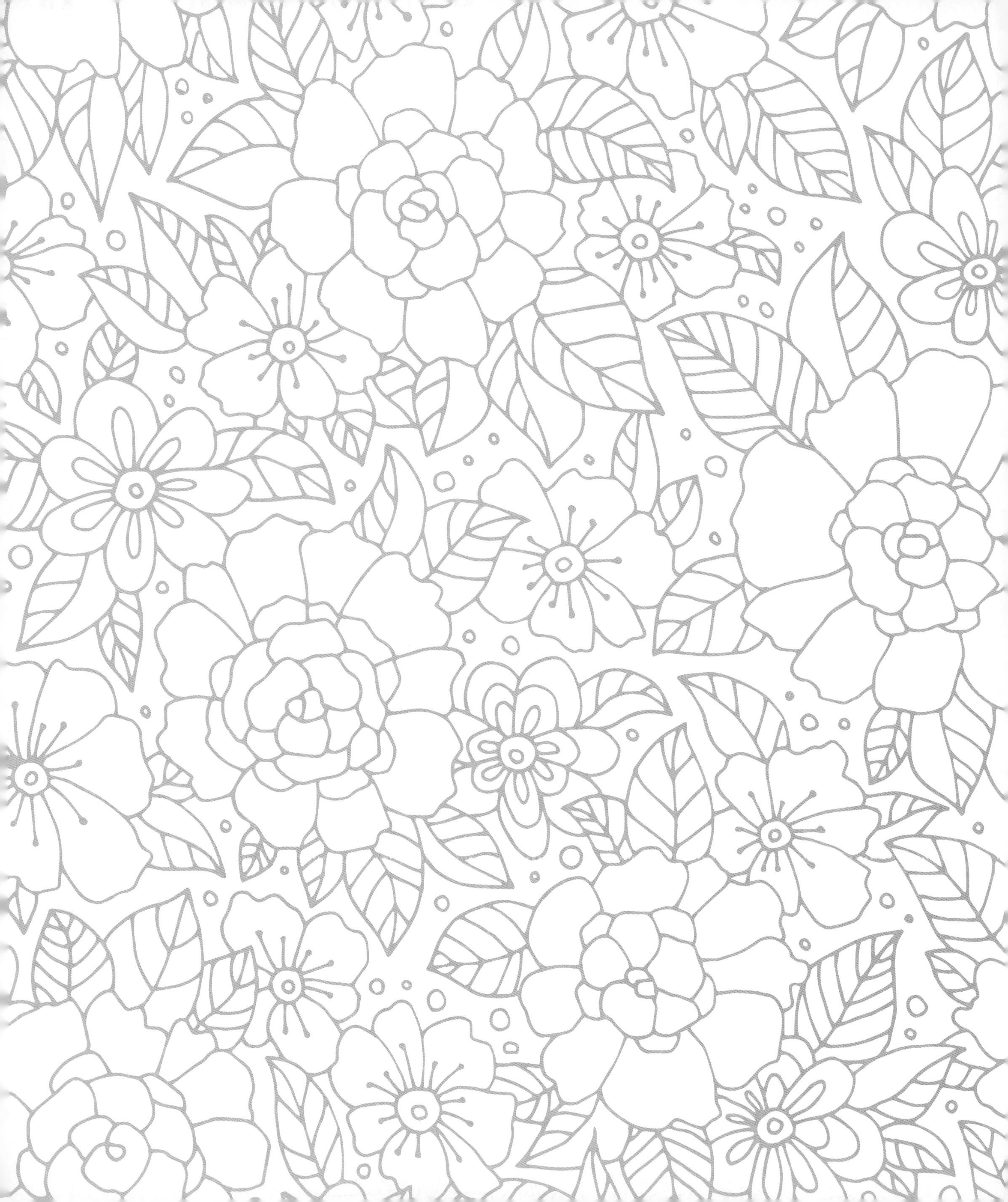

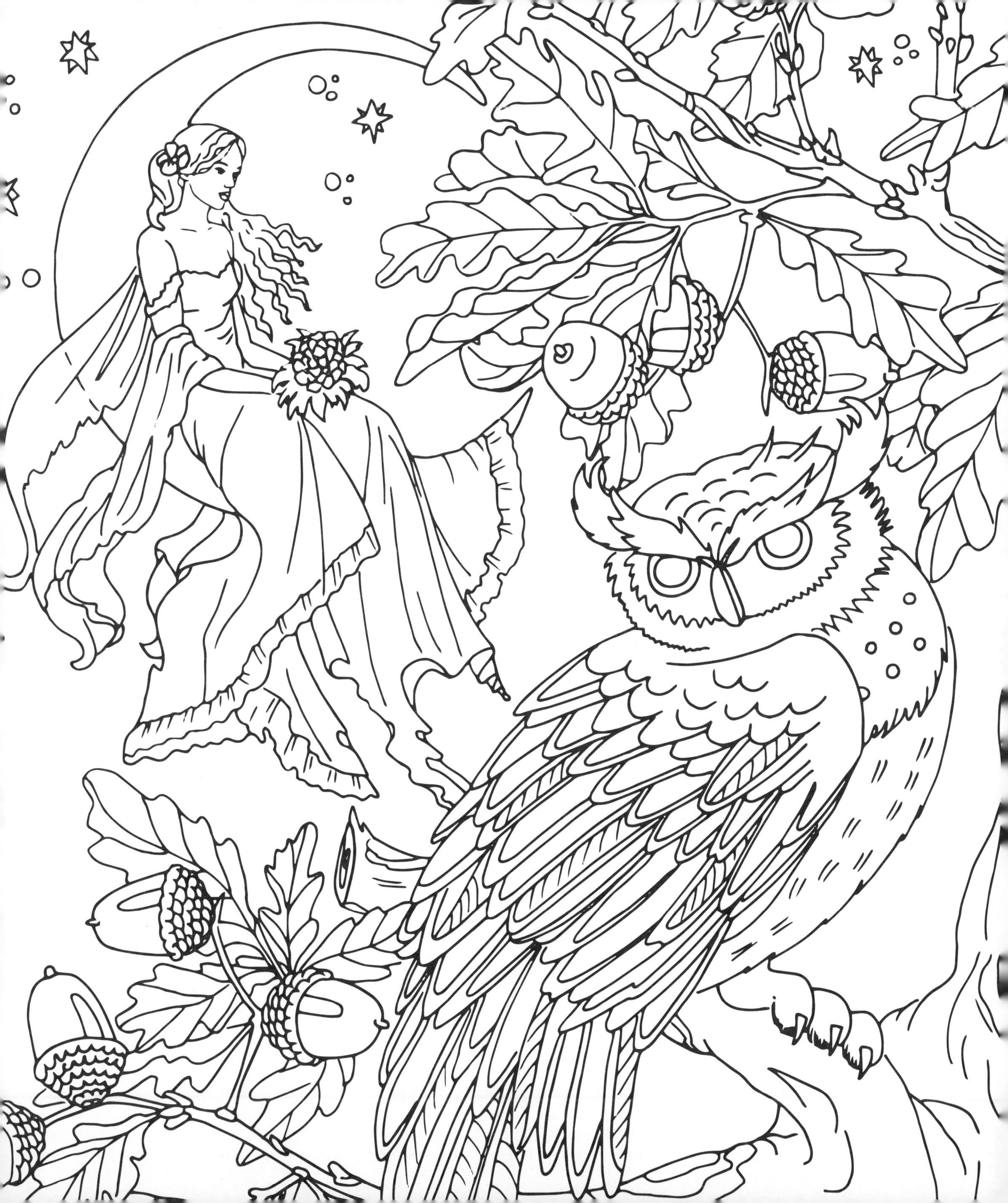

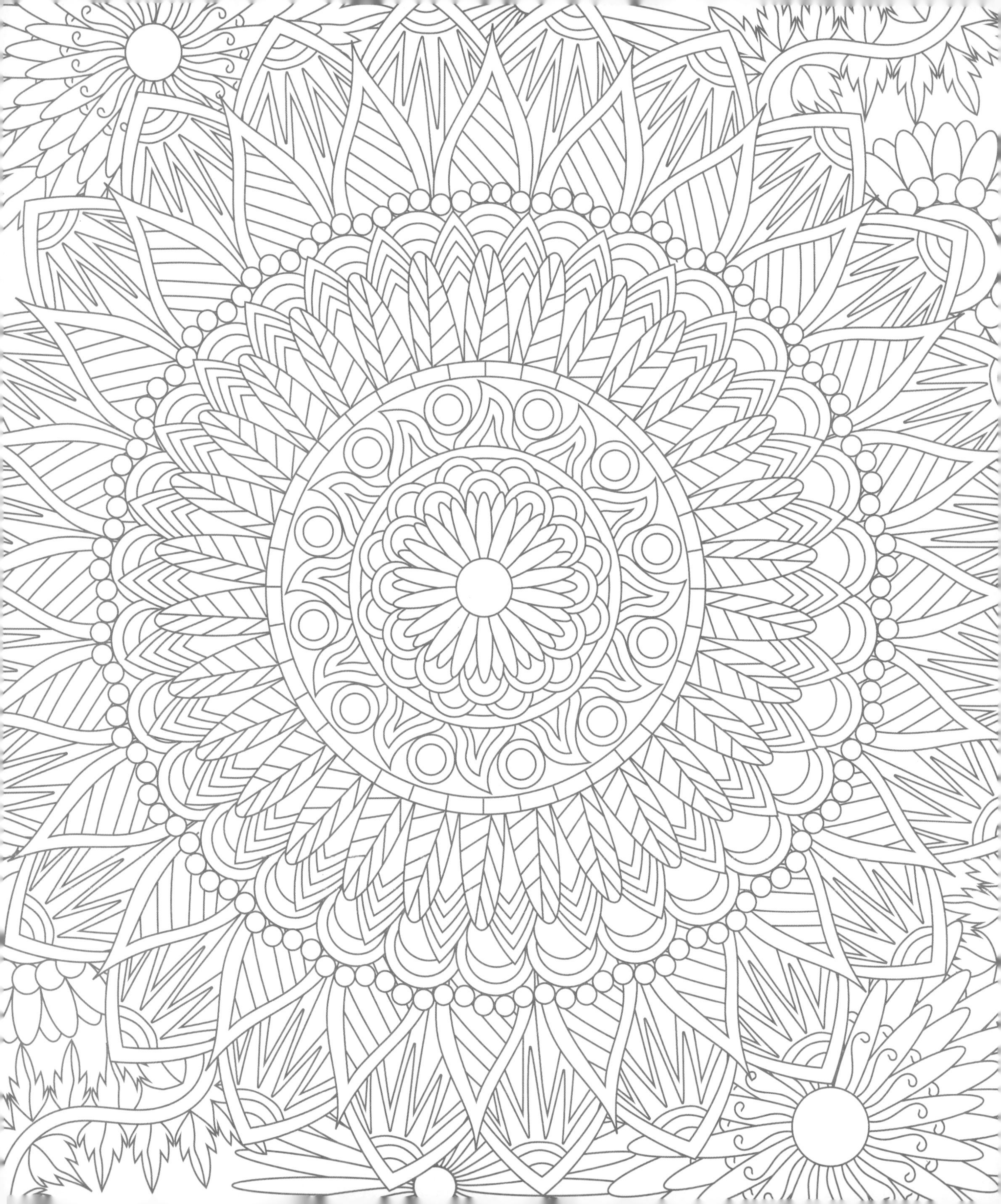

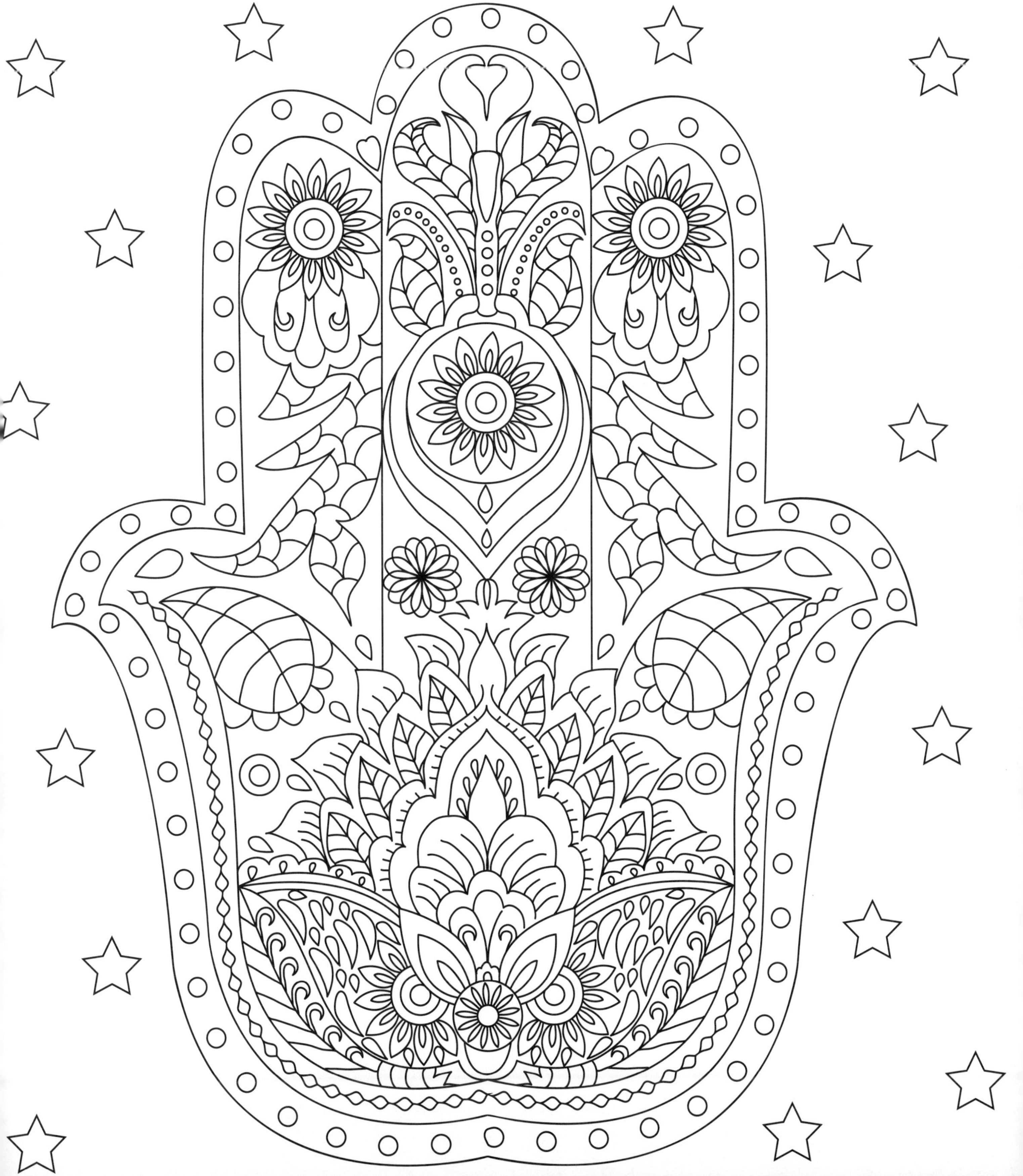

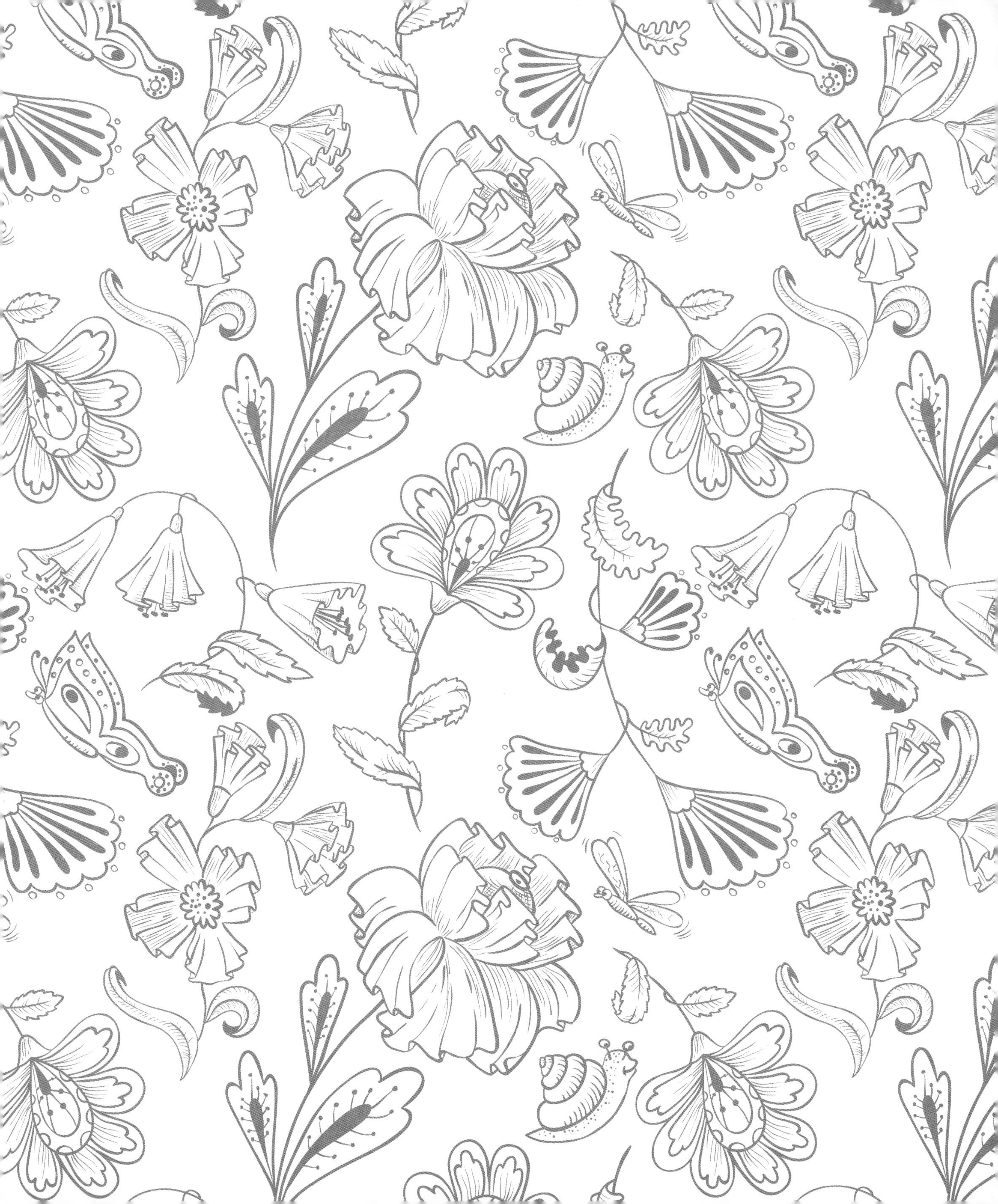

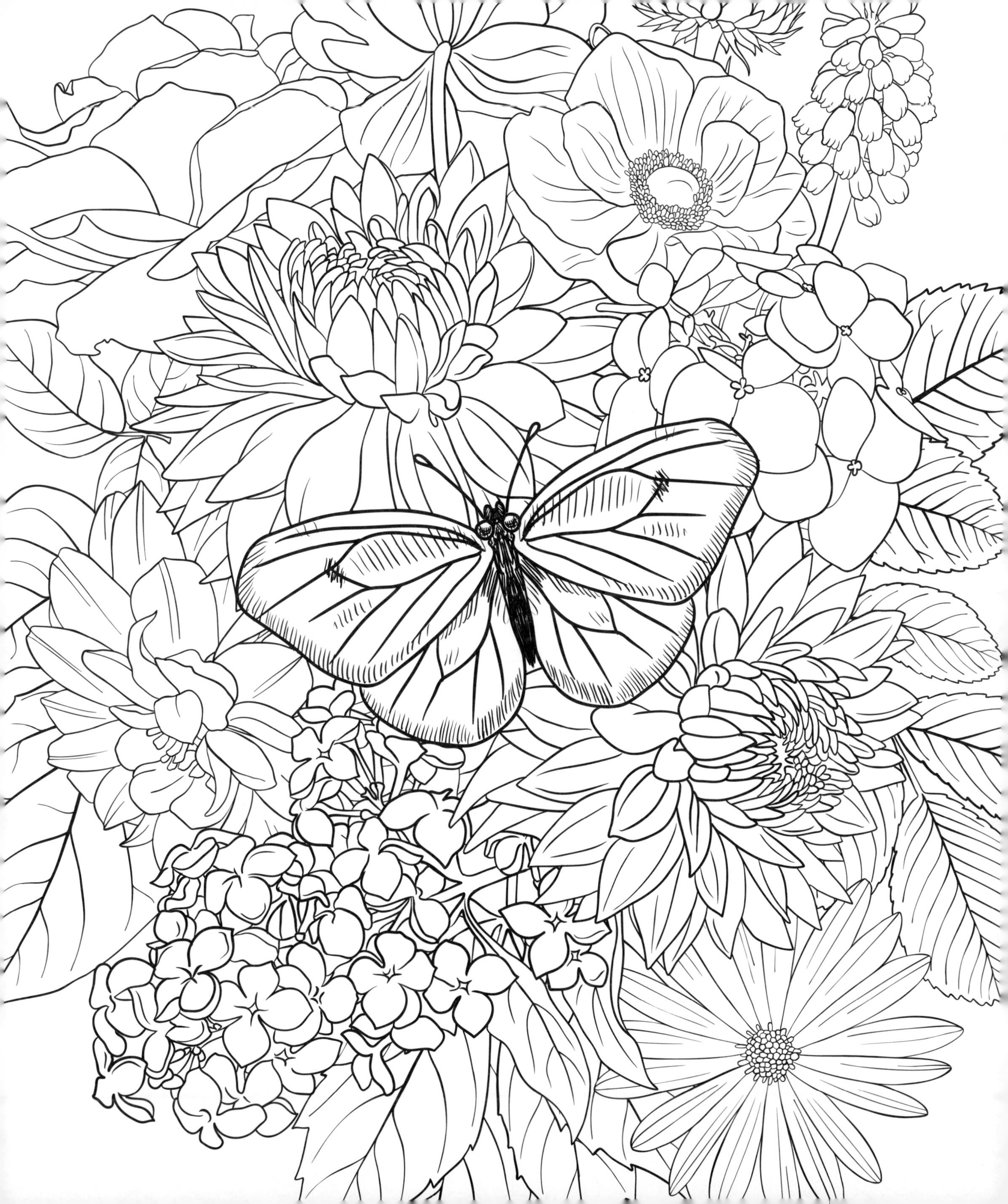

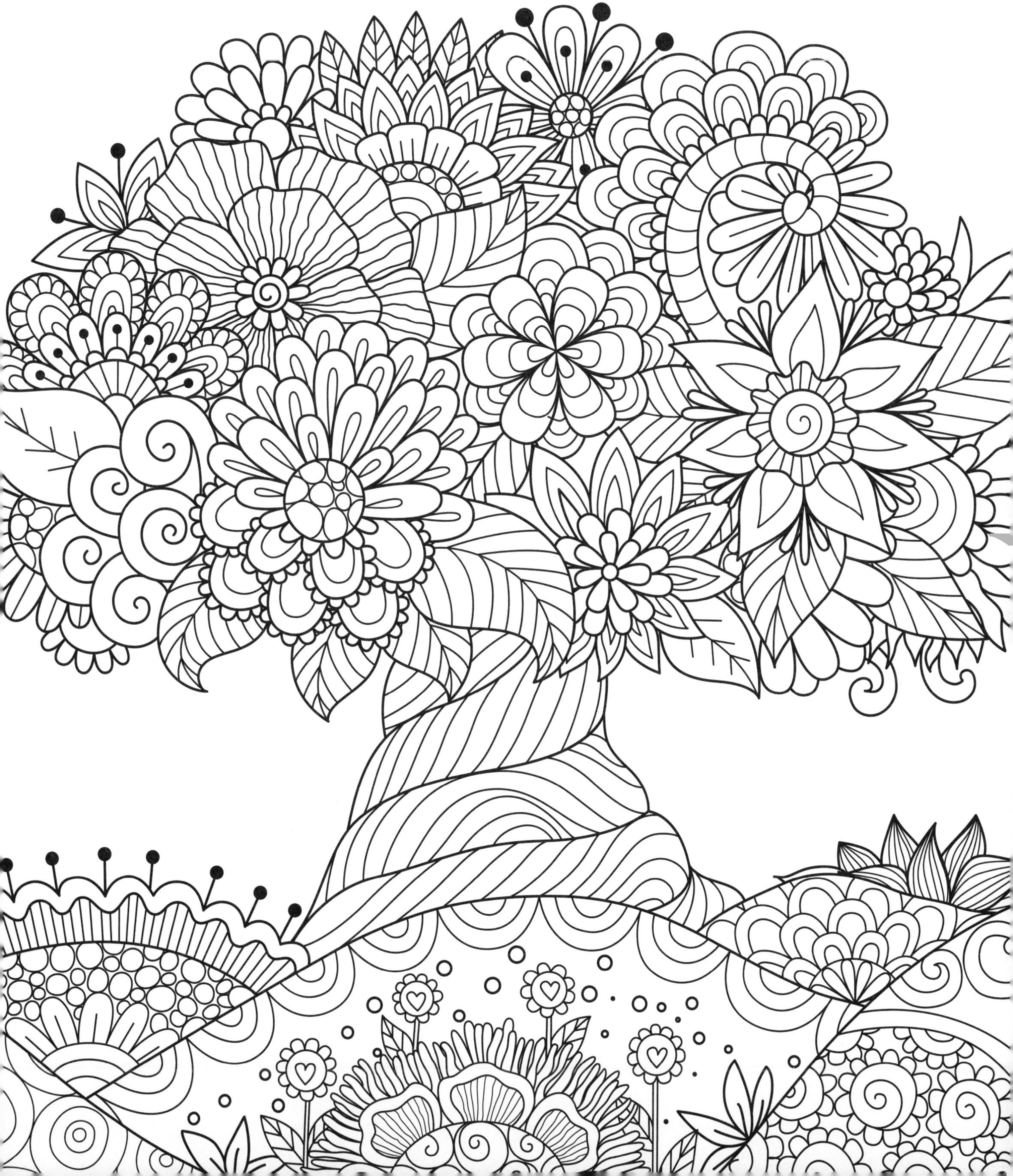

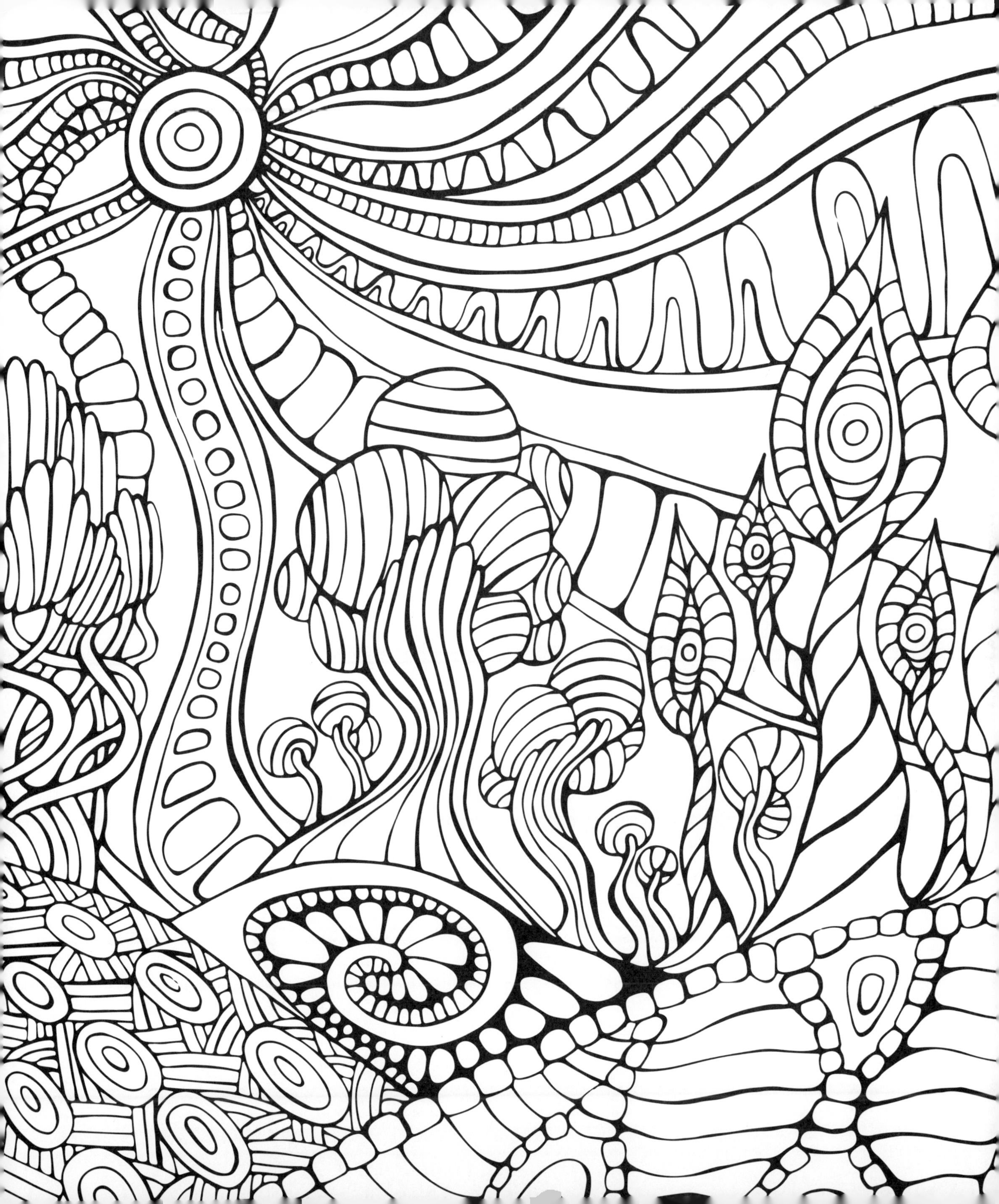

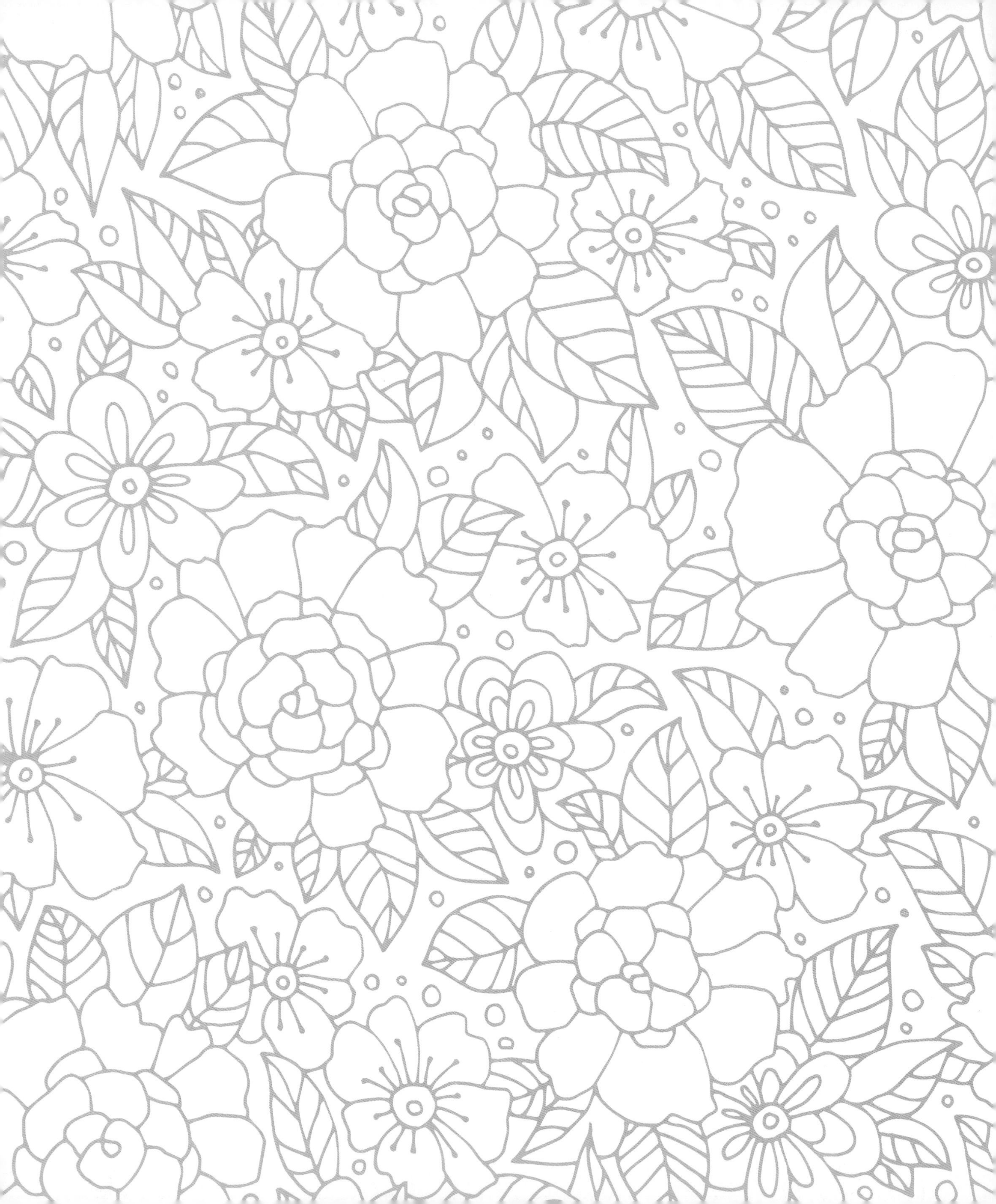

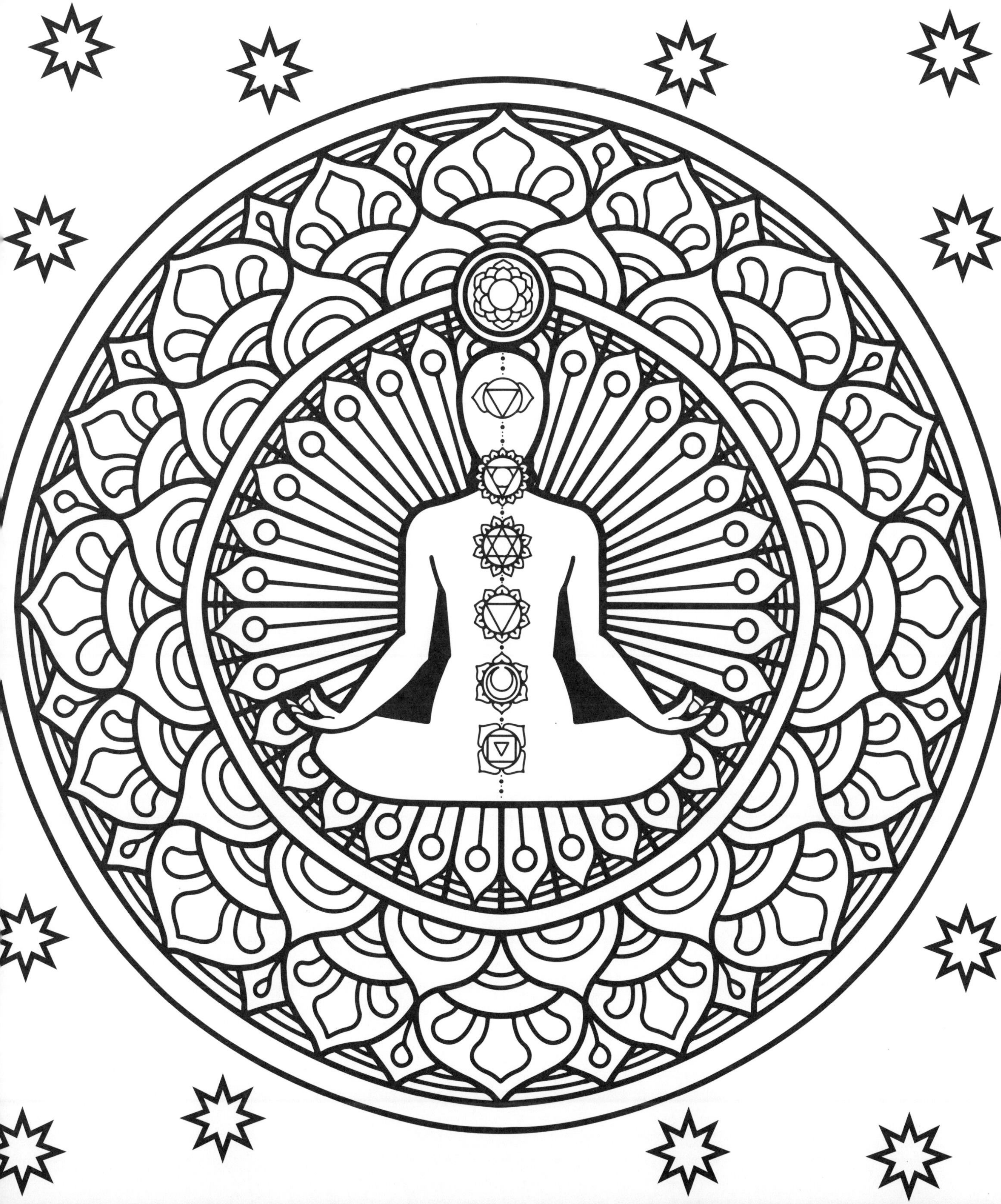

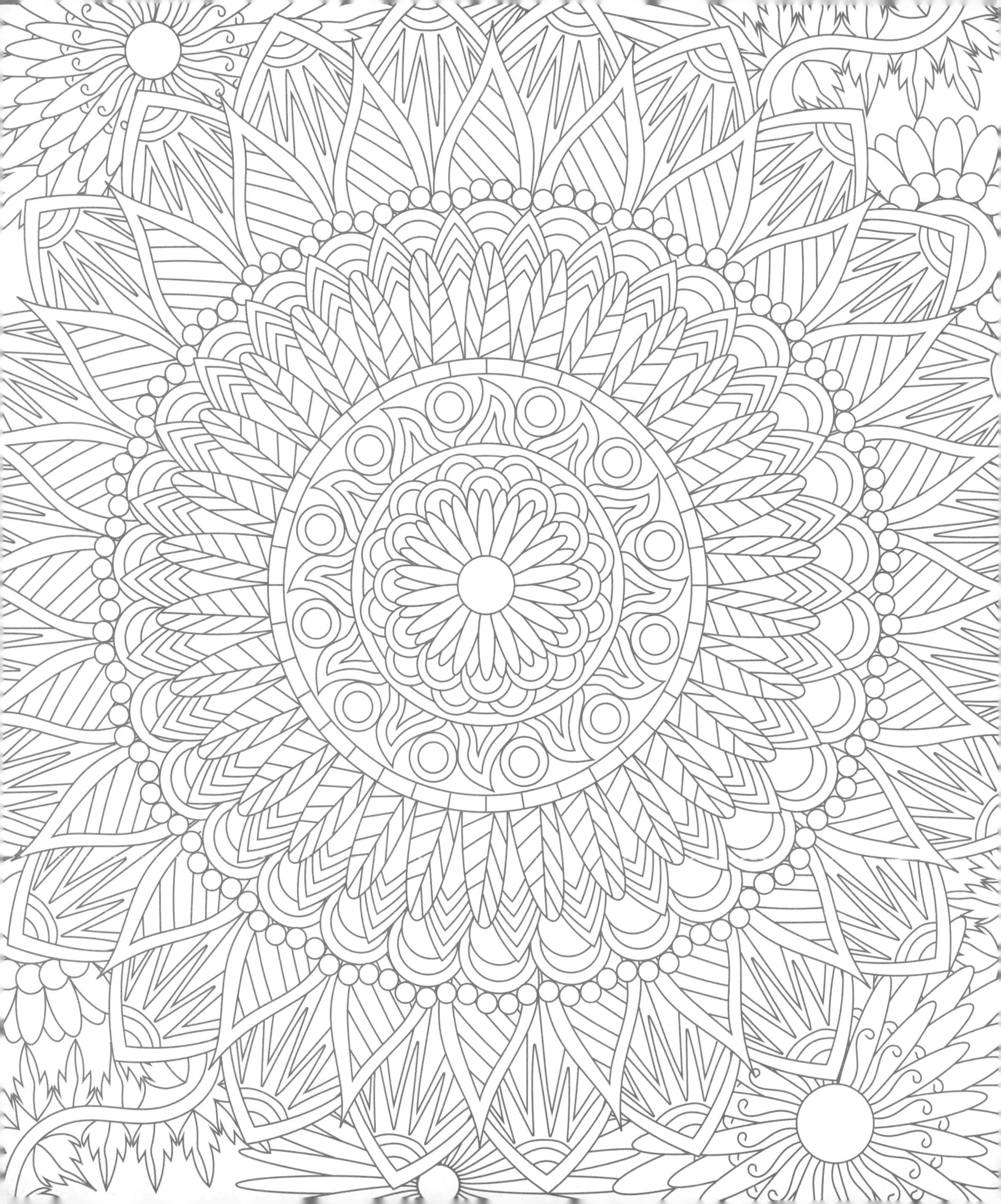

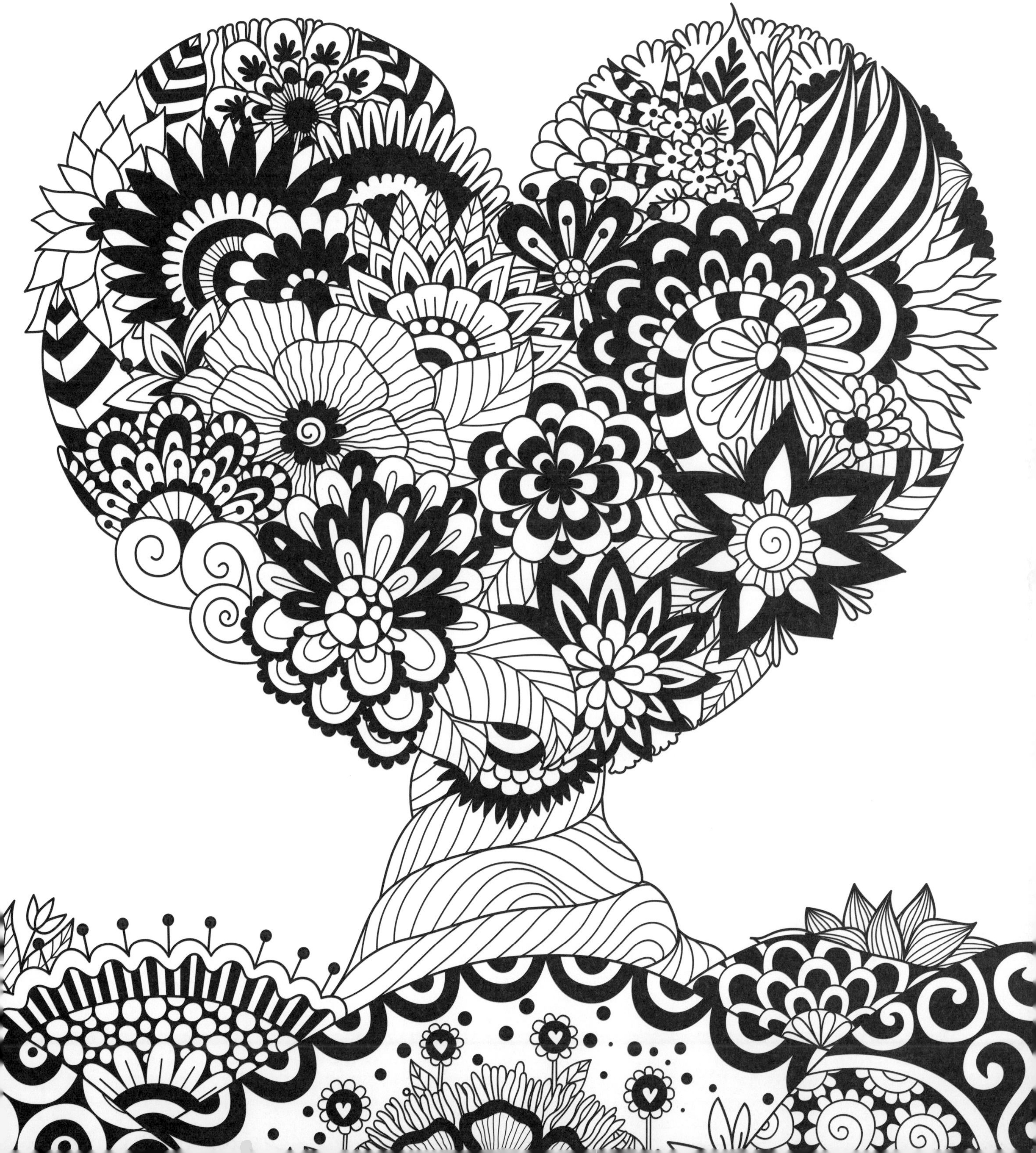

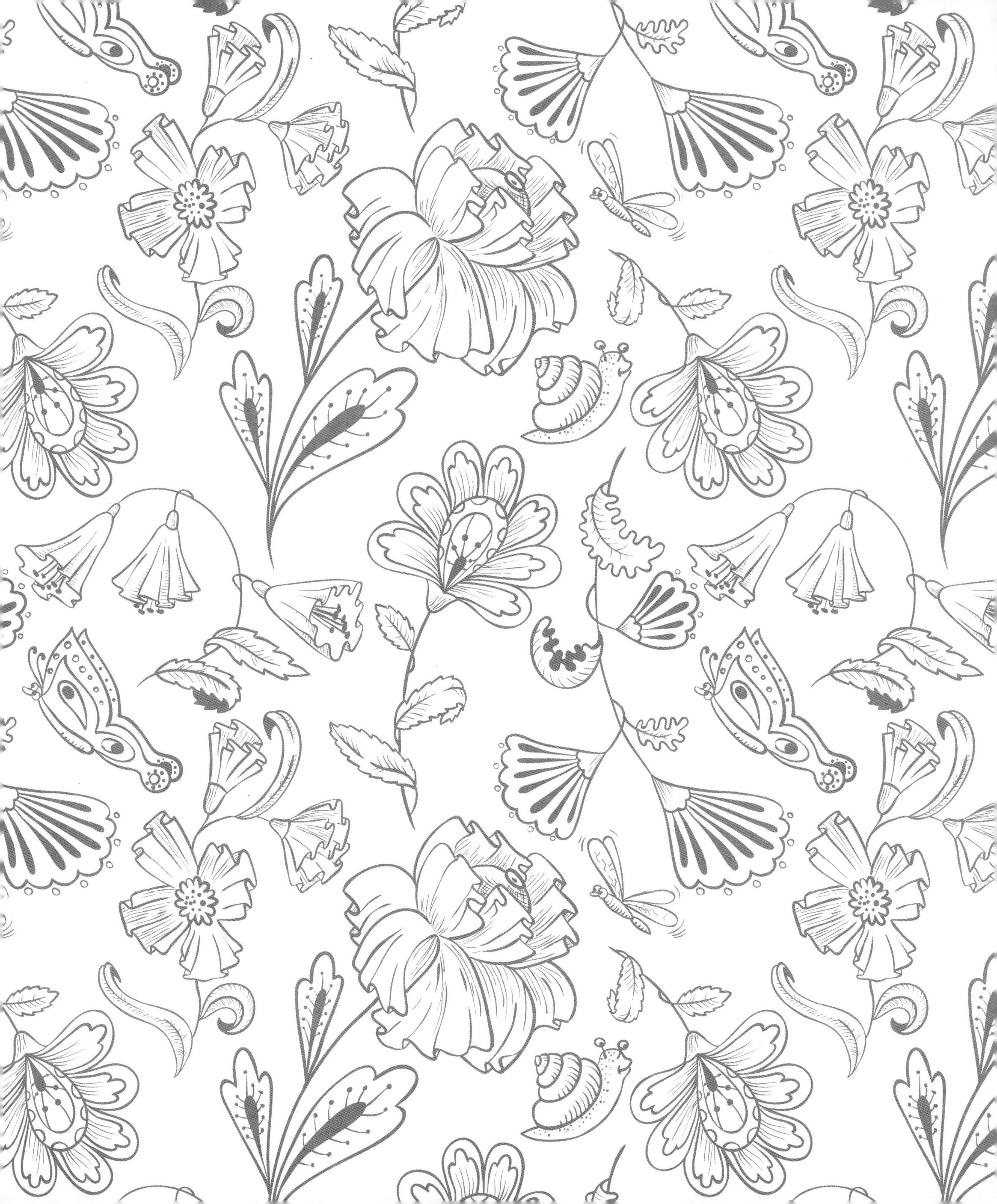

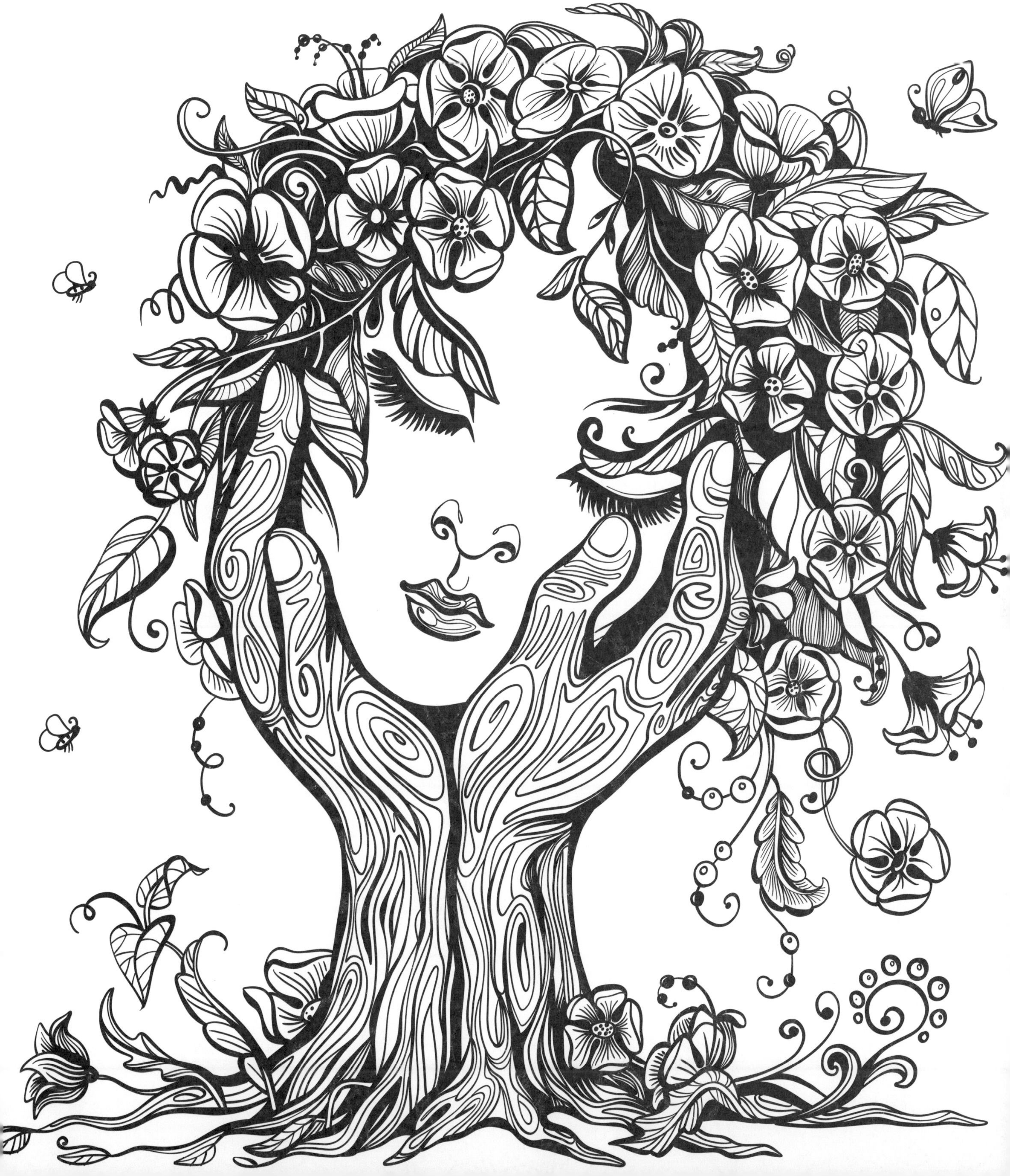

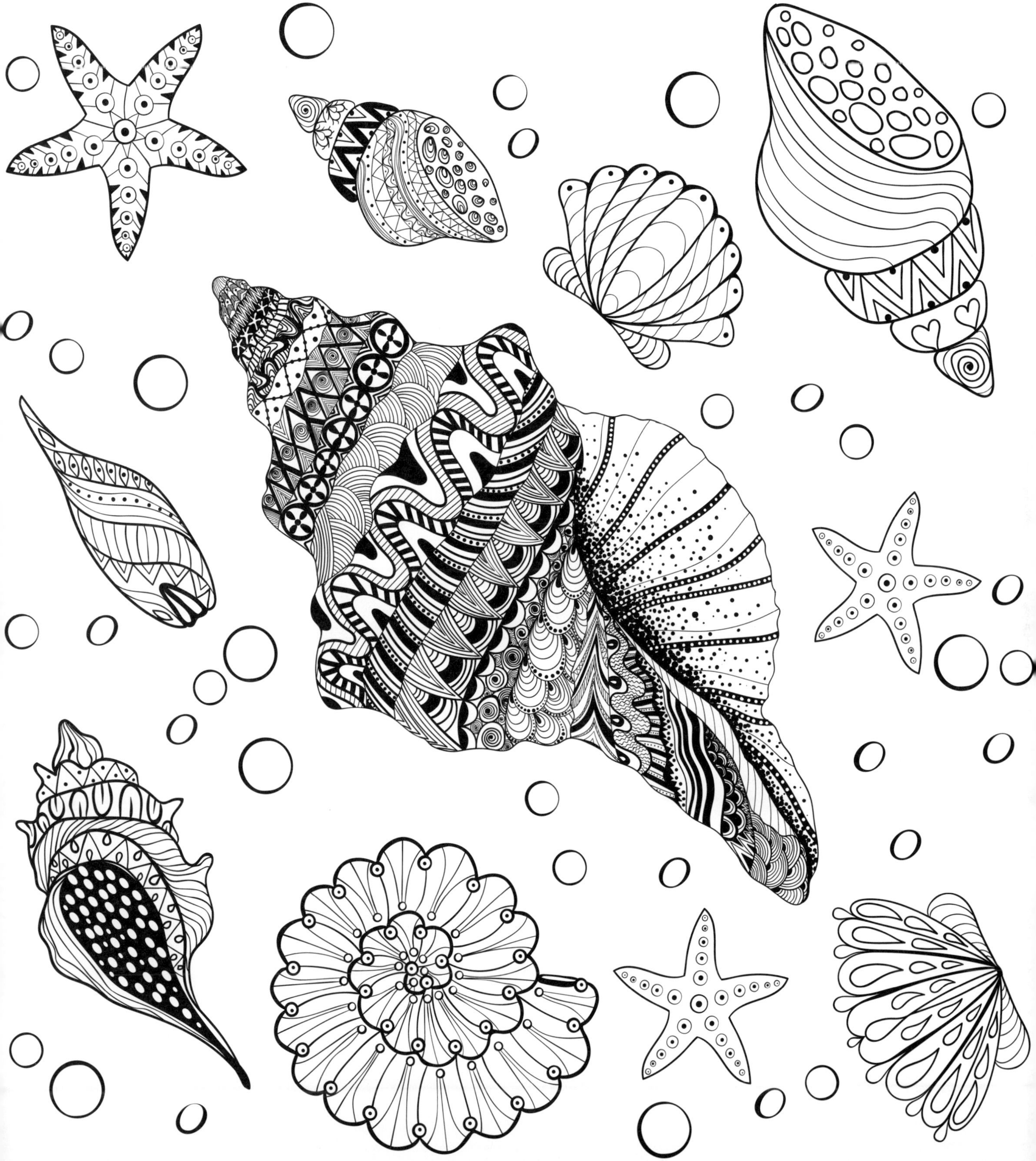

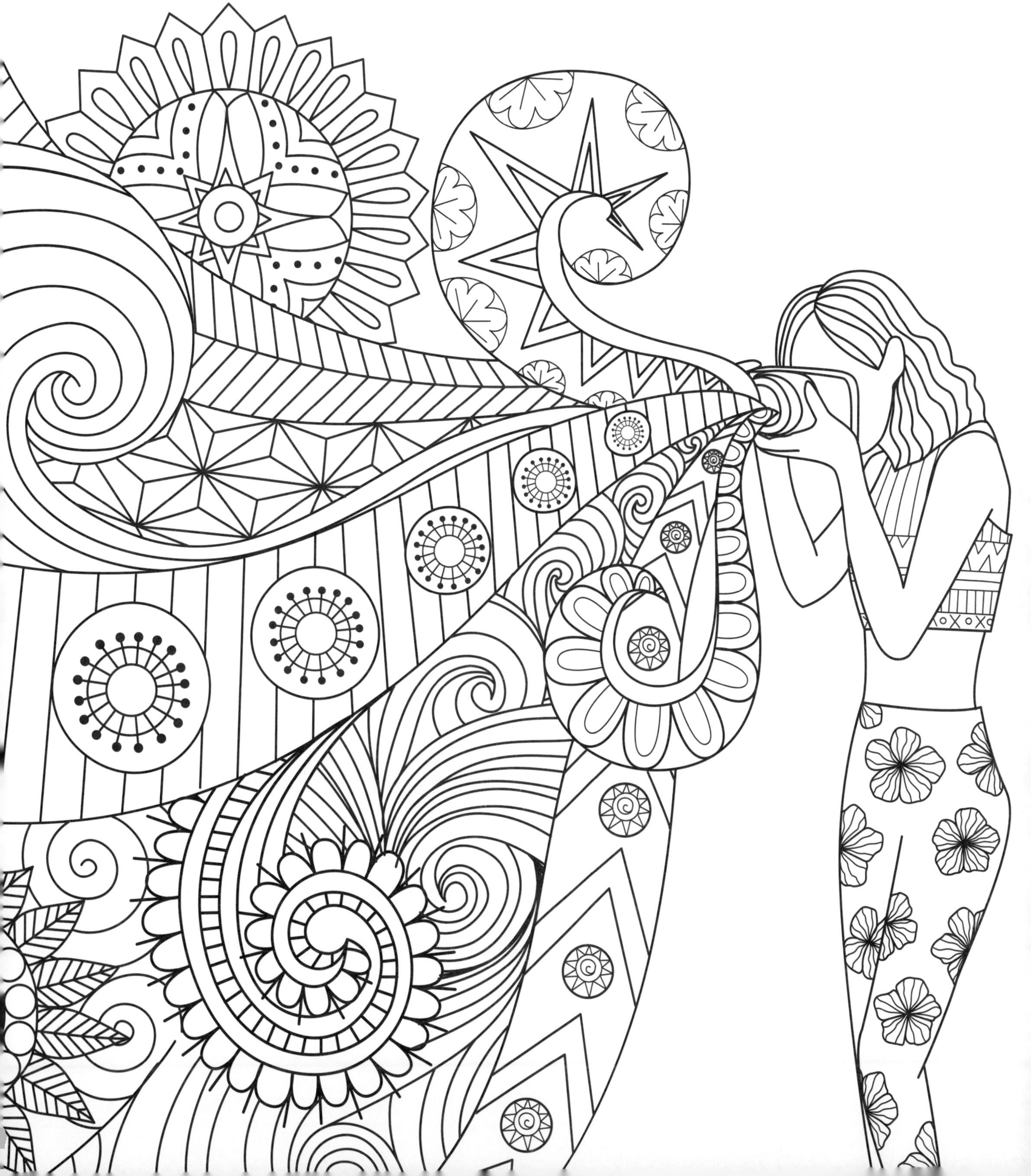

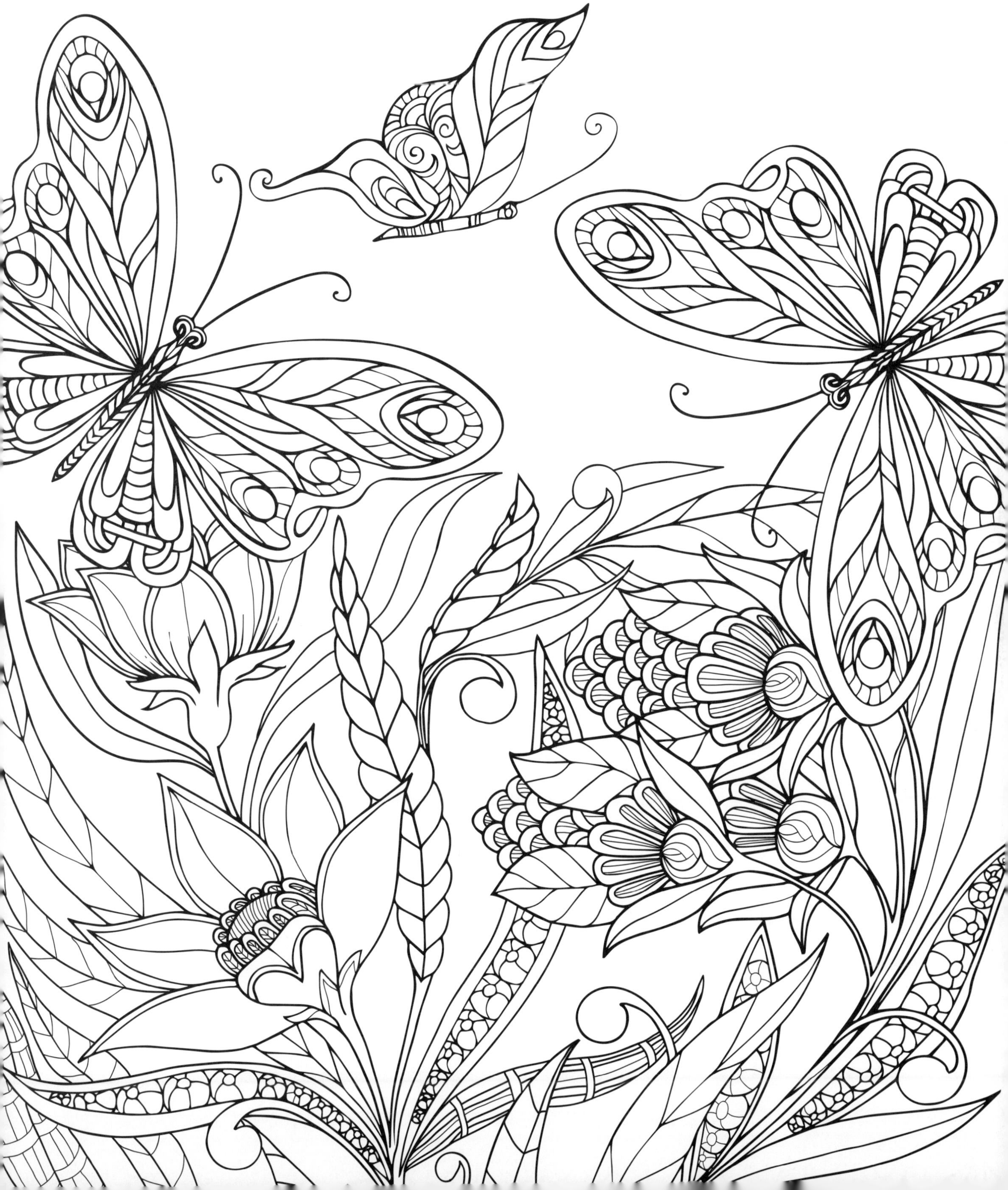

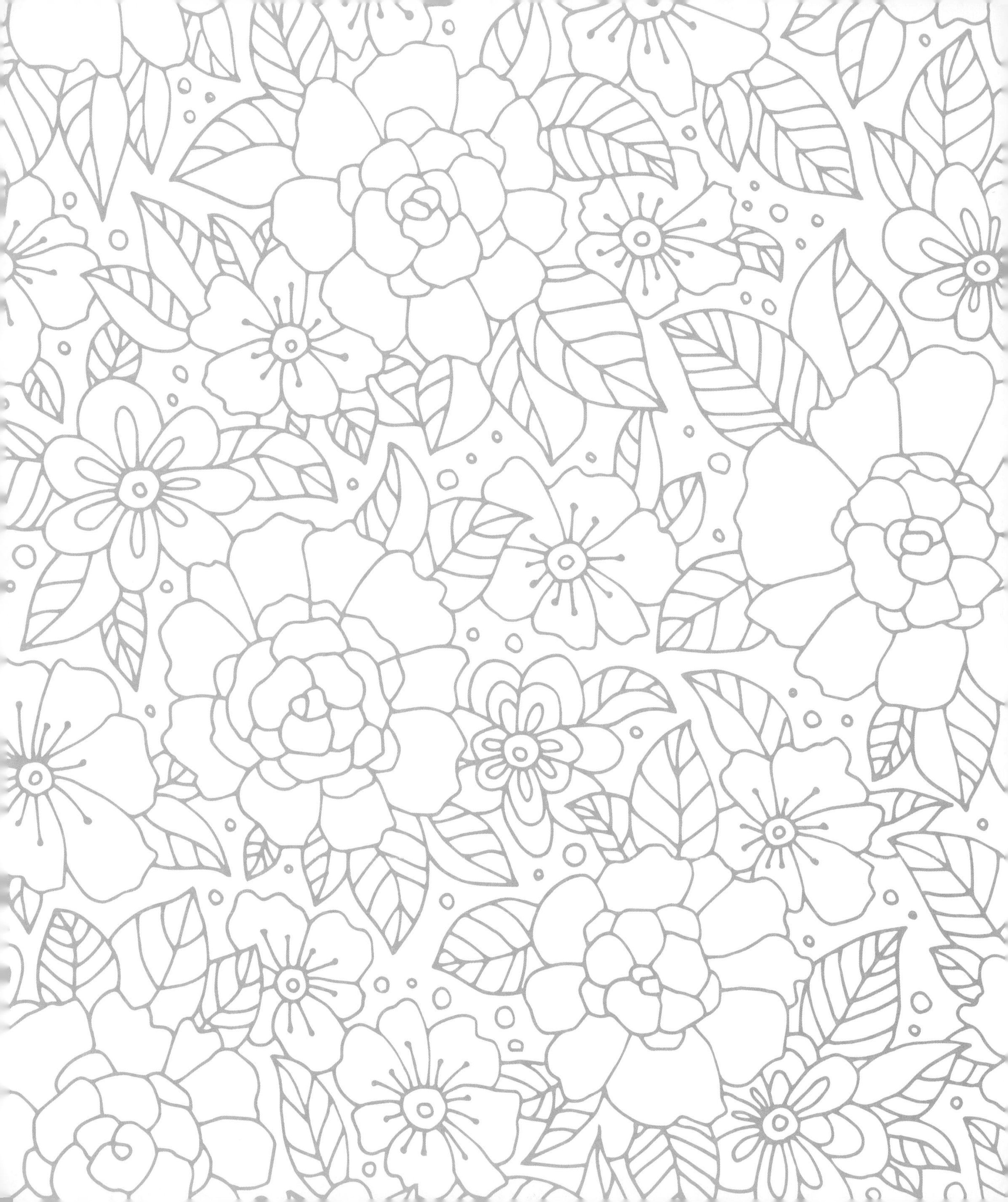

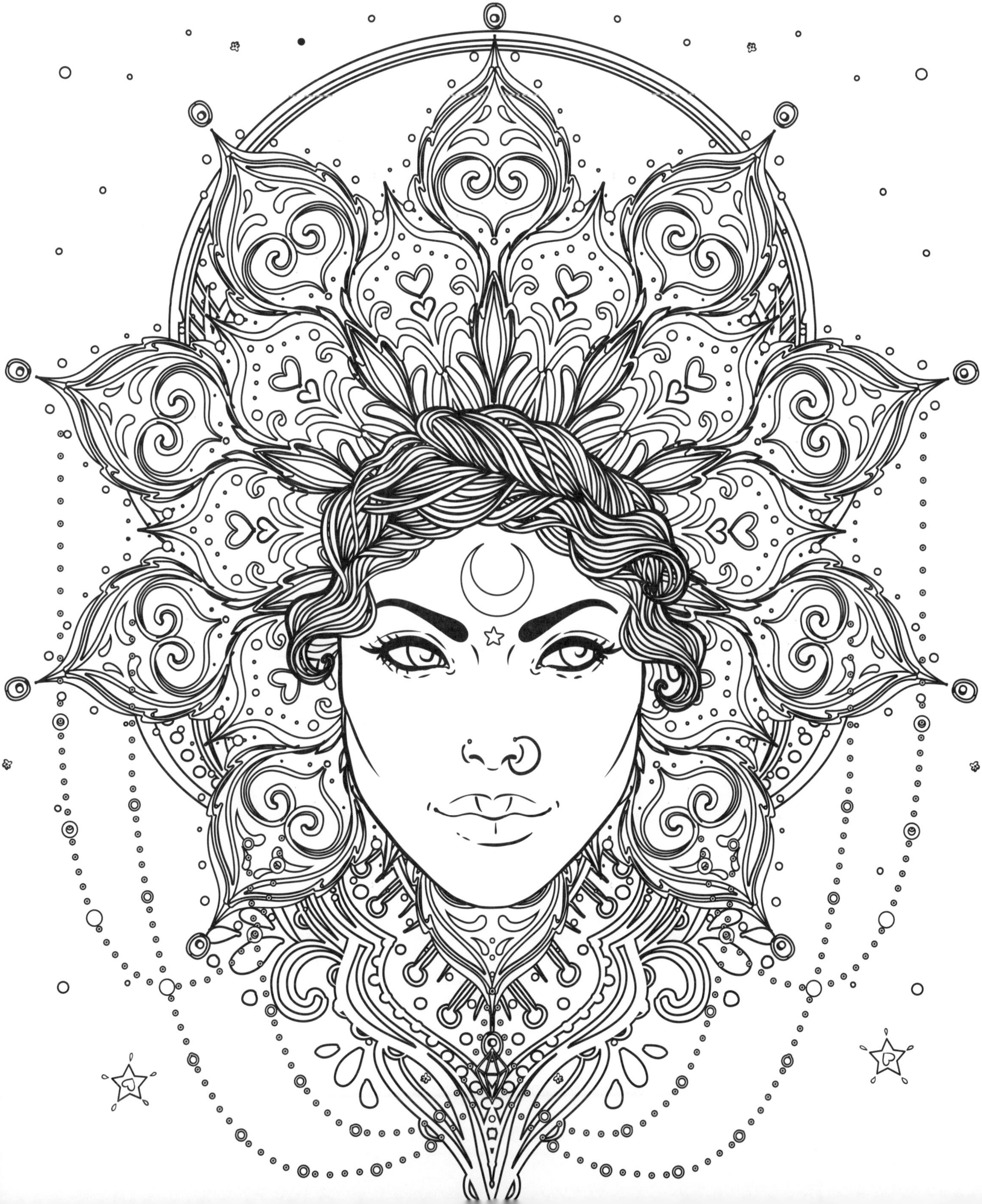

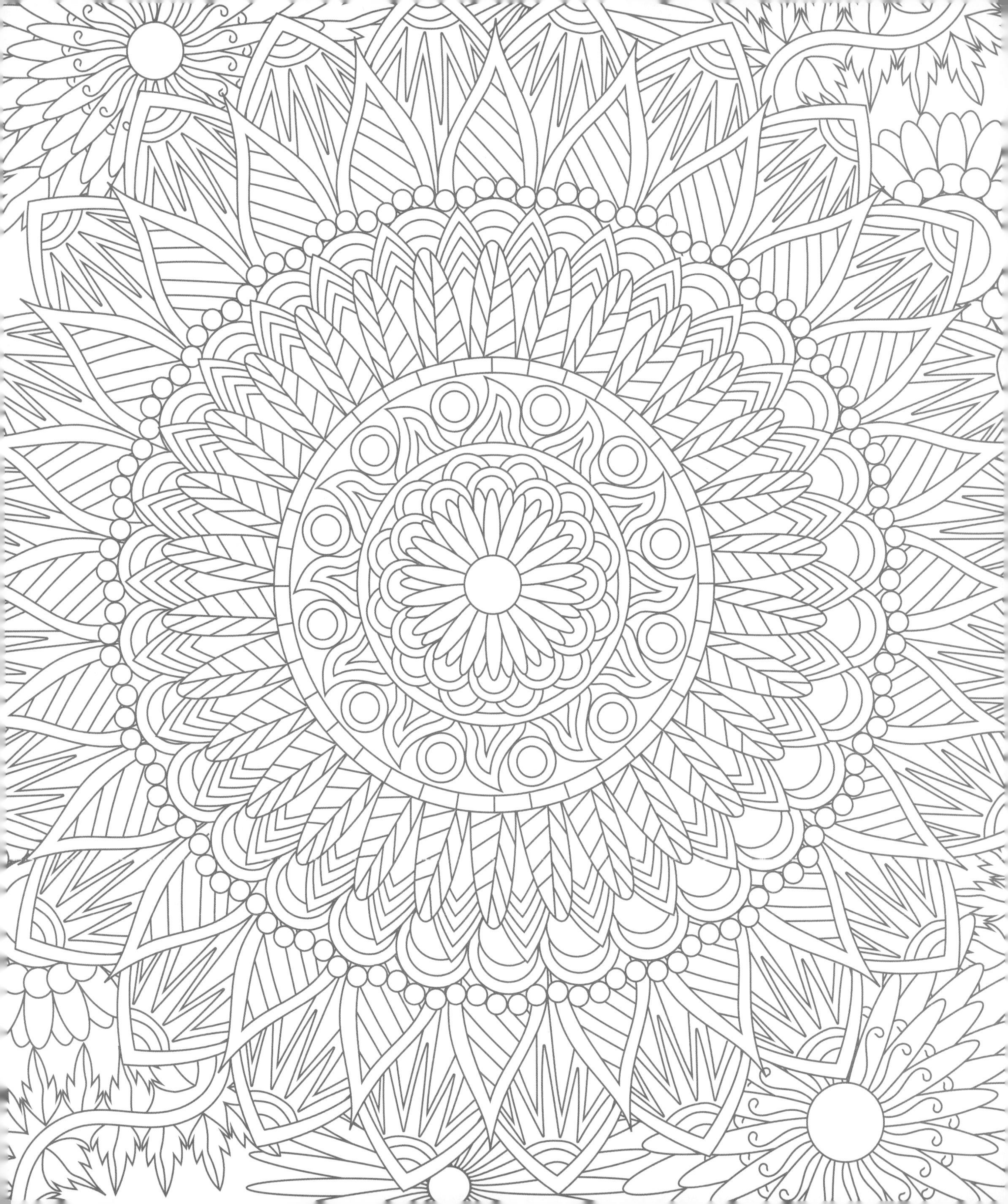

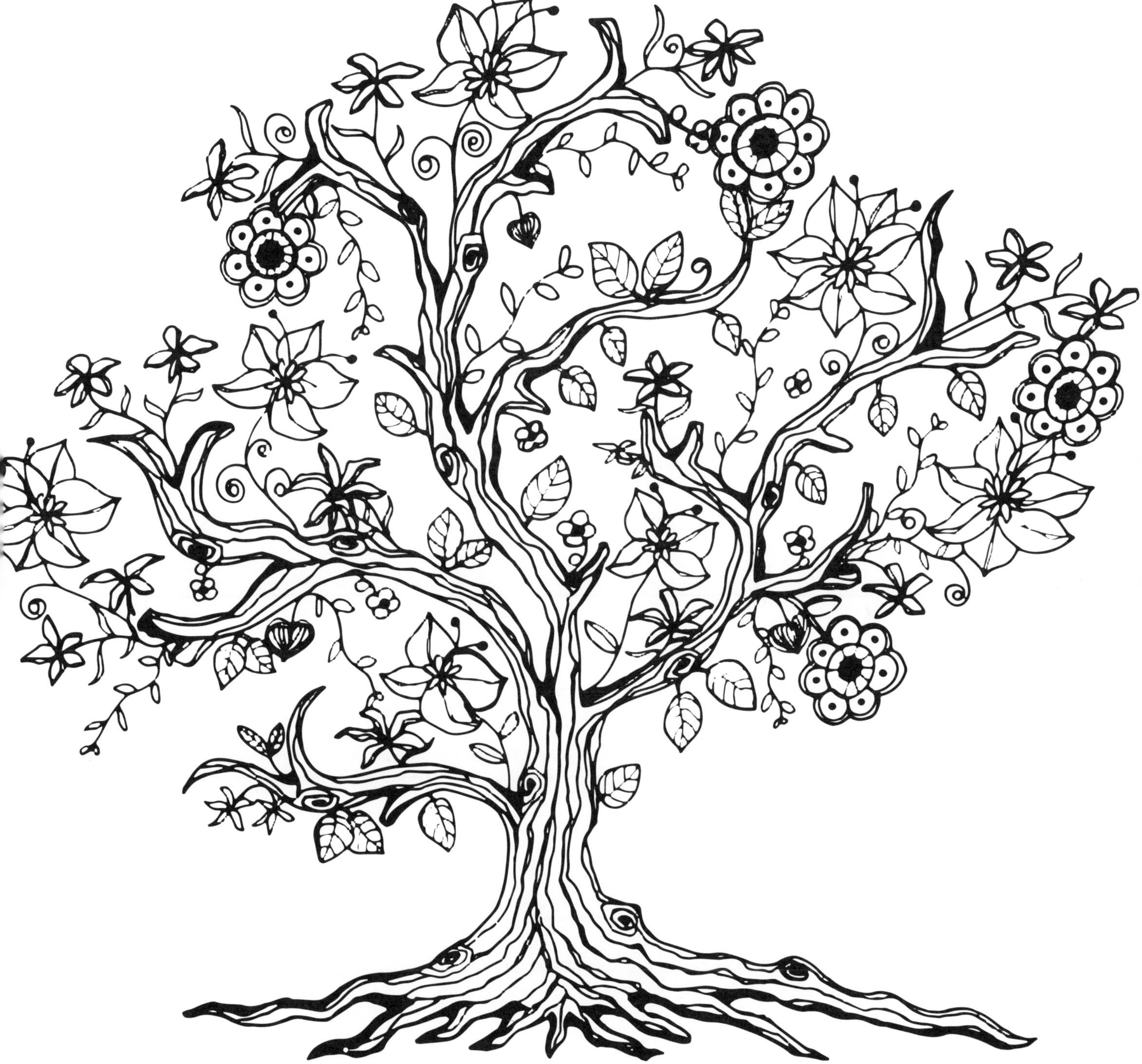

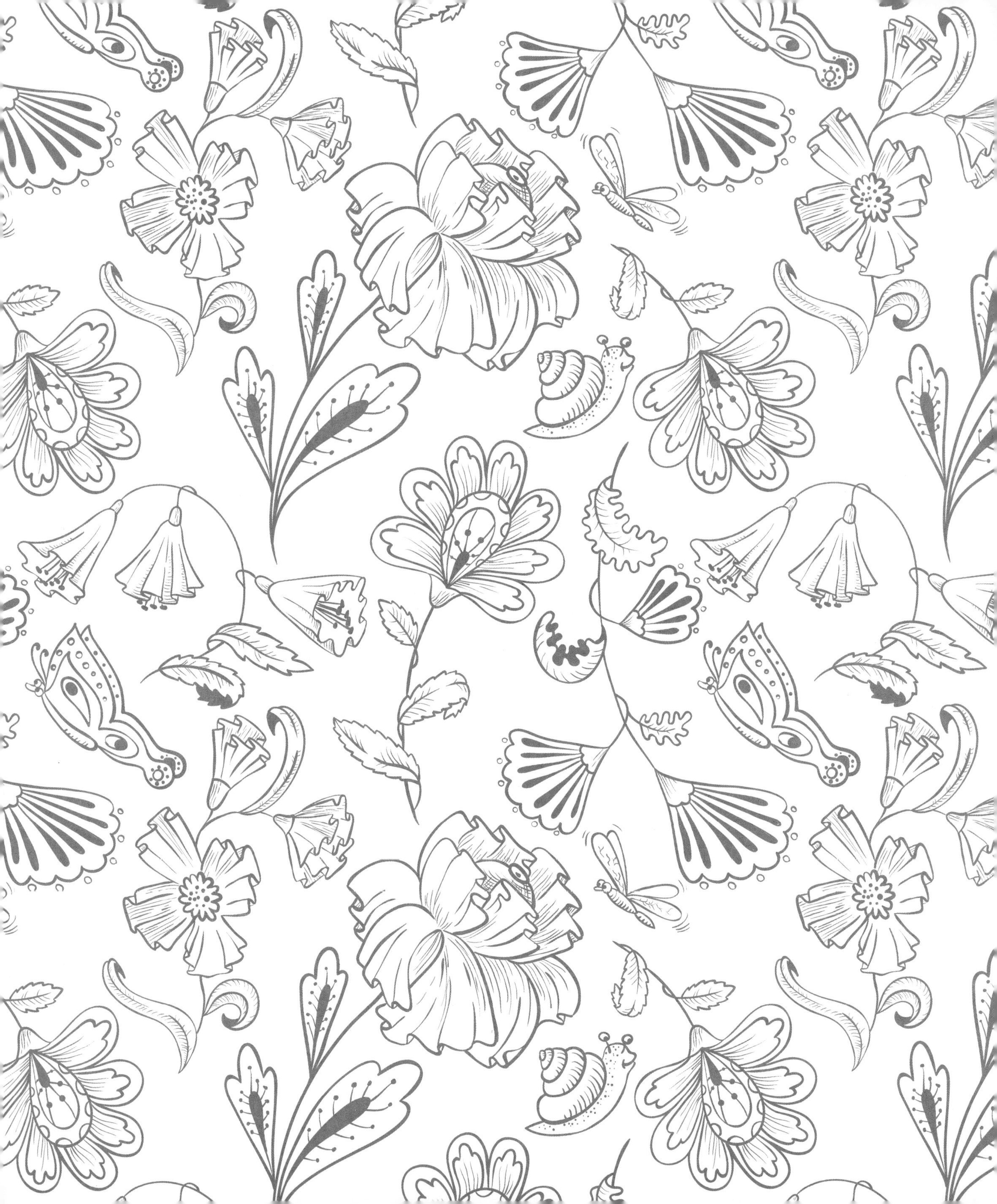

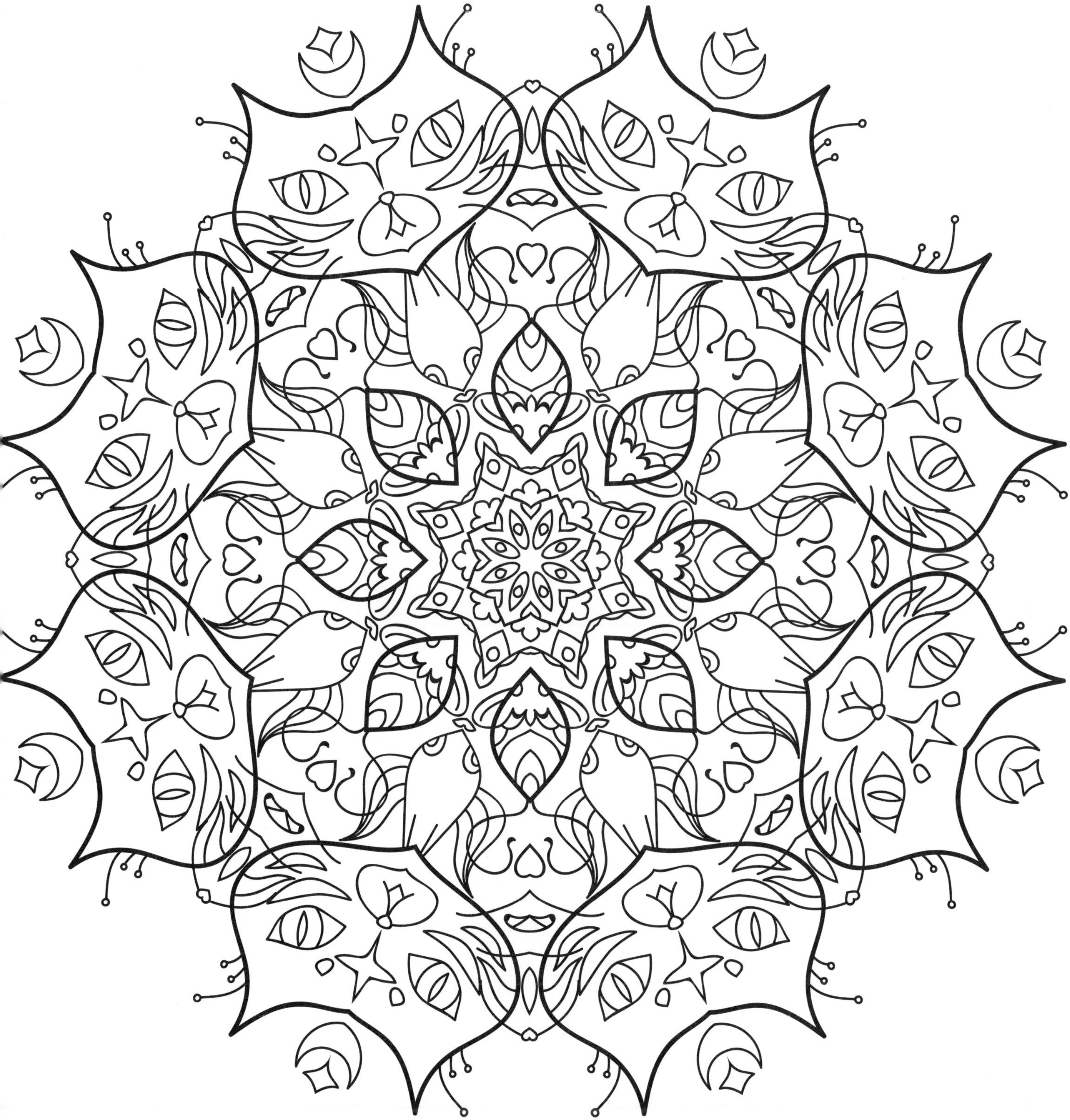

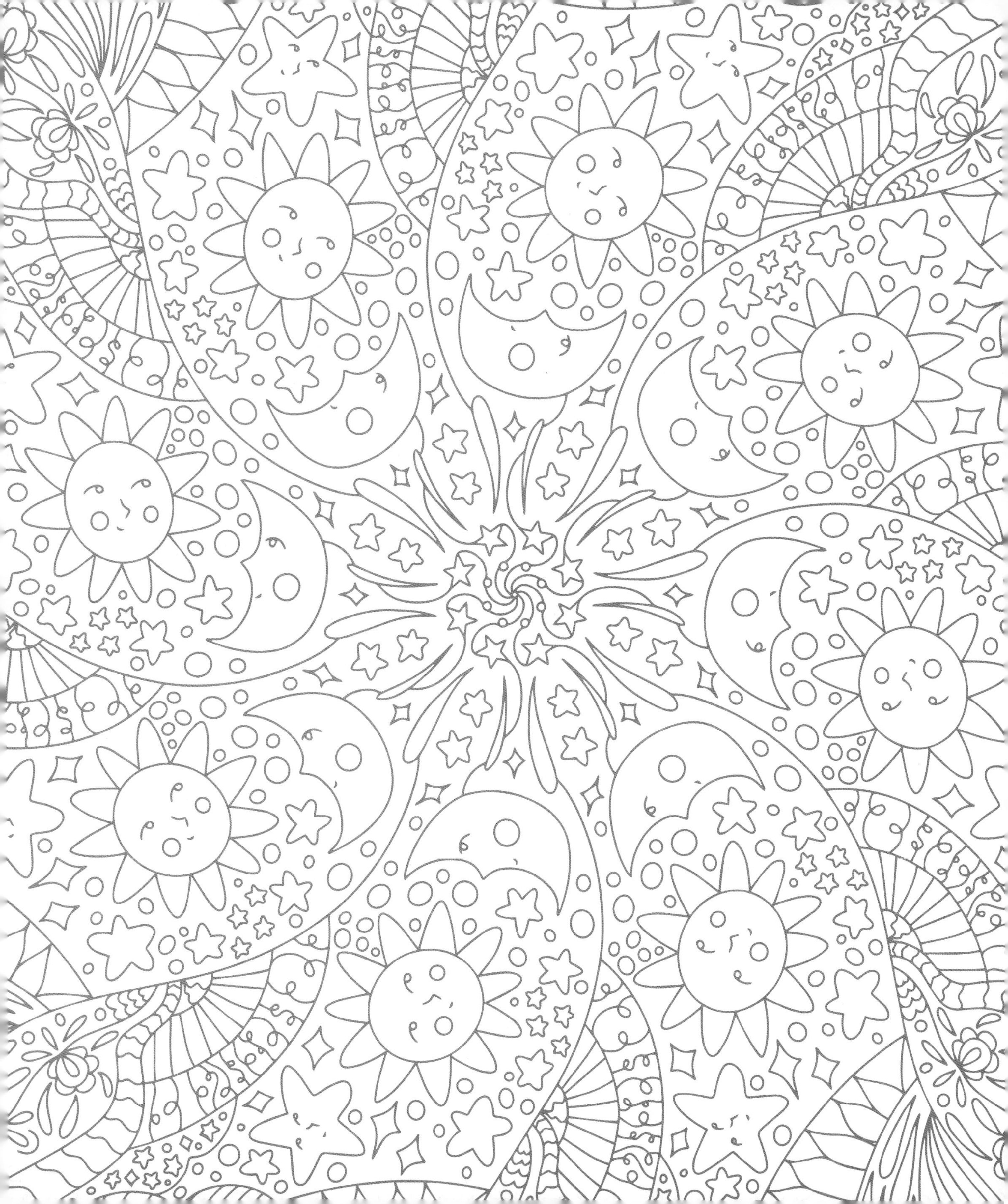

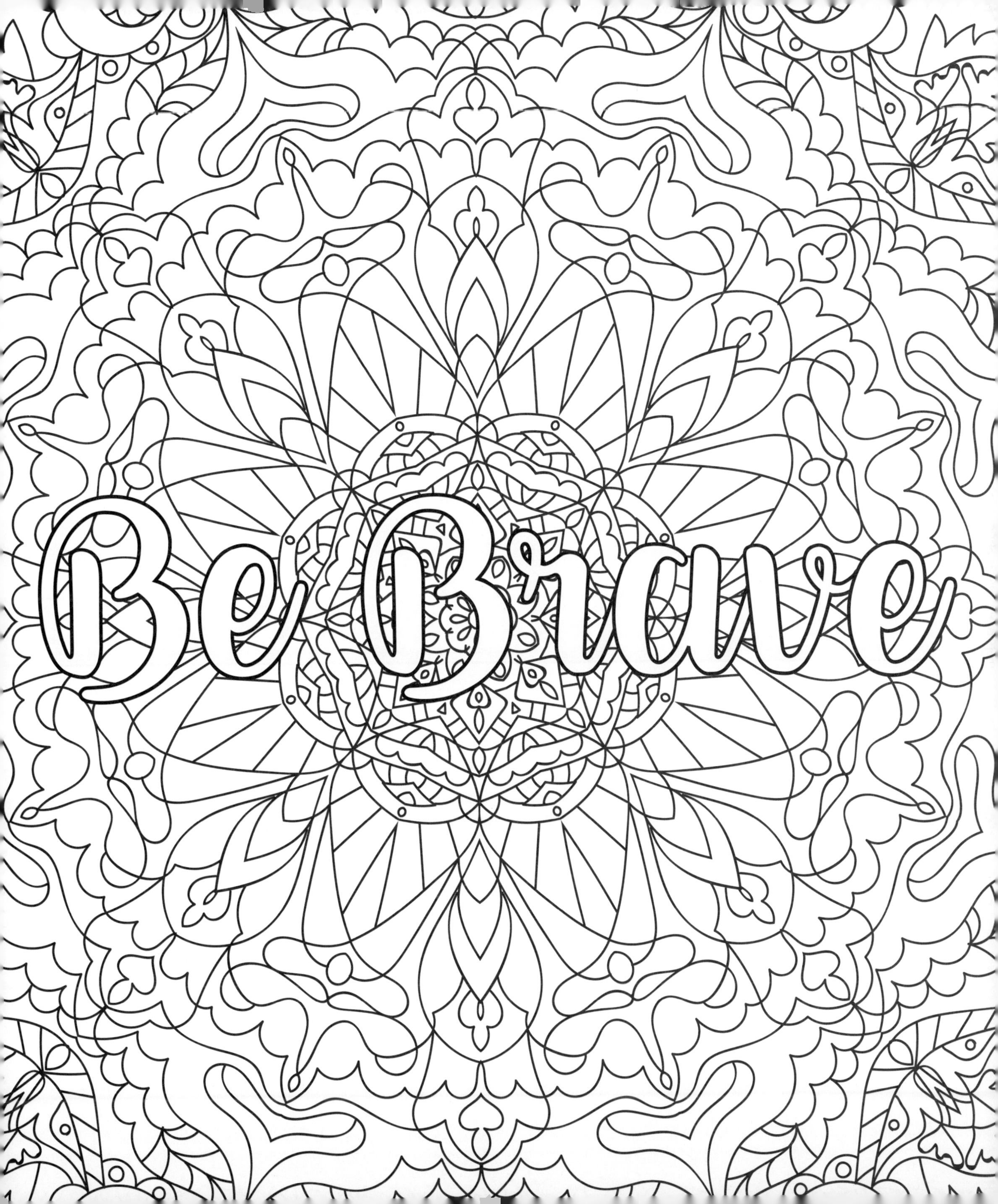
Be Brave

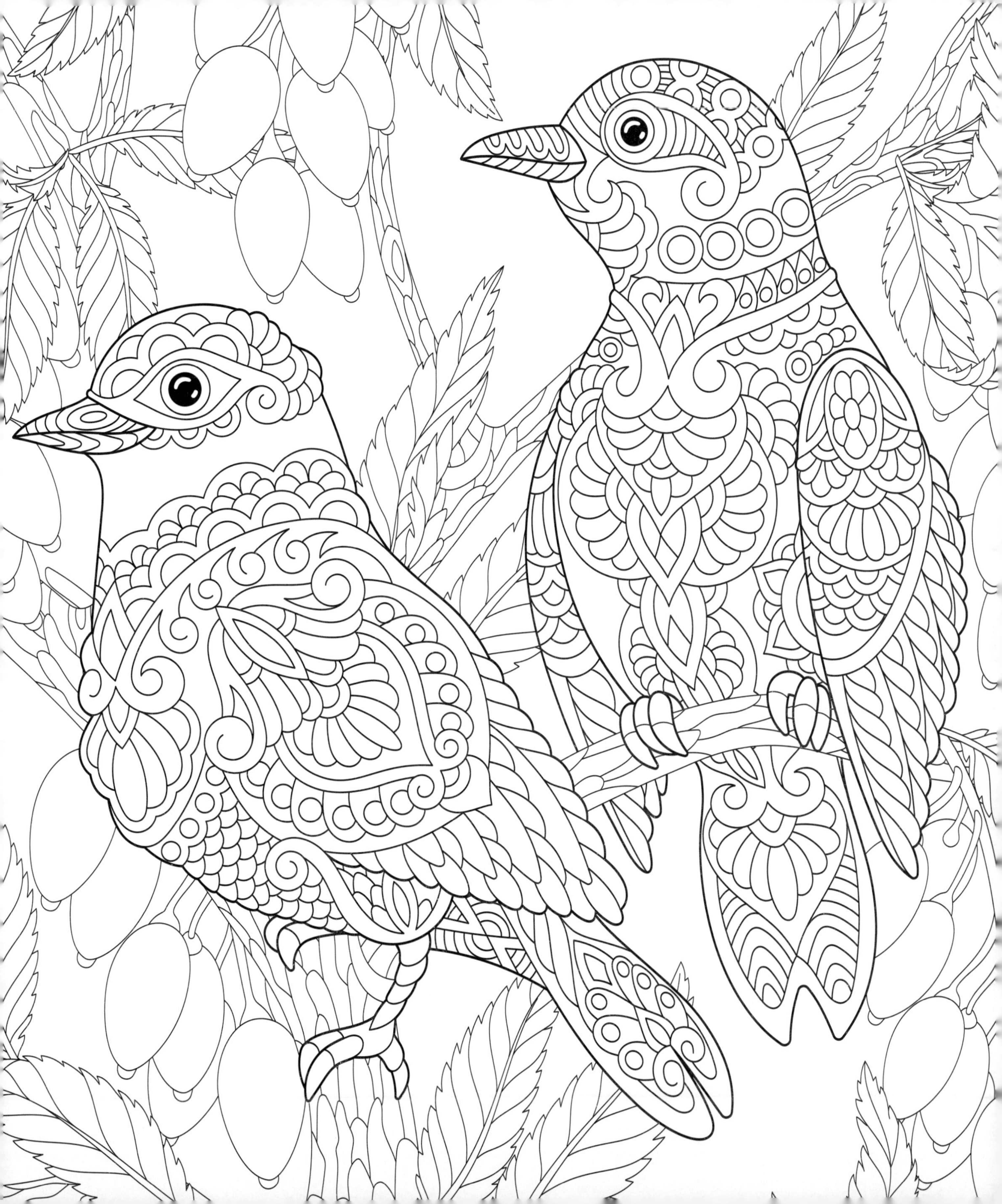

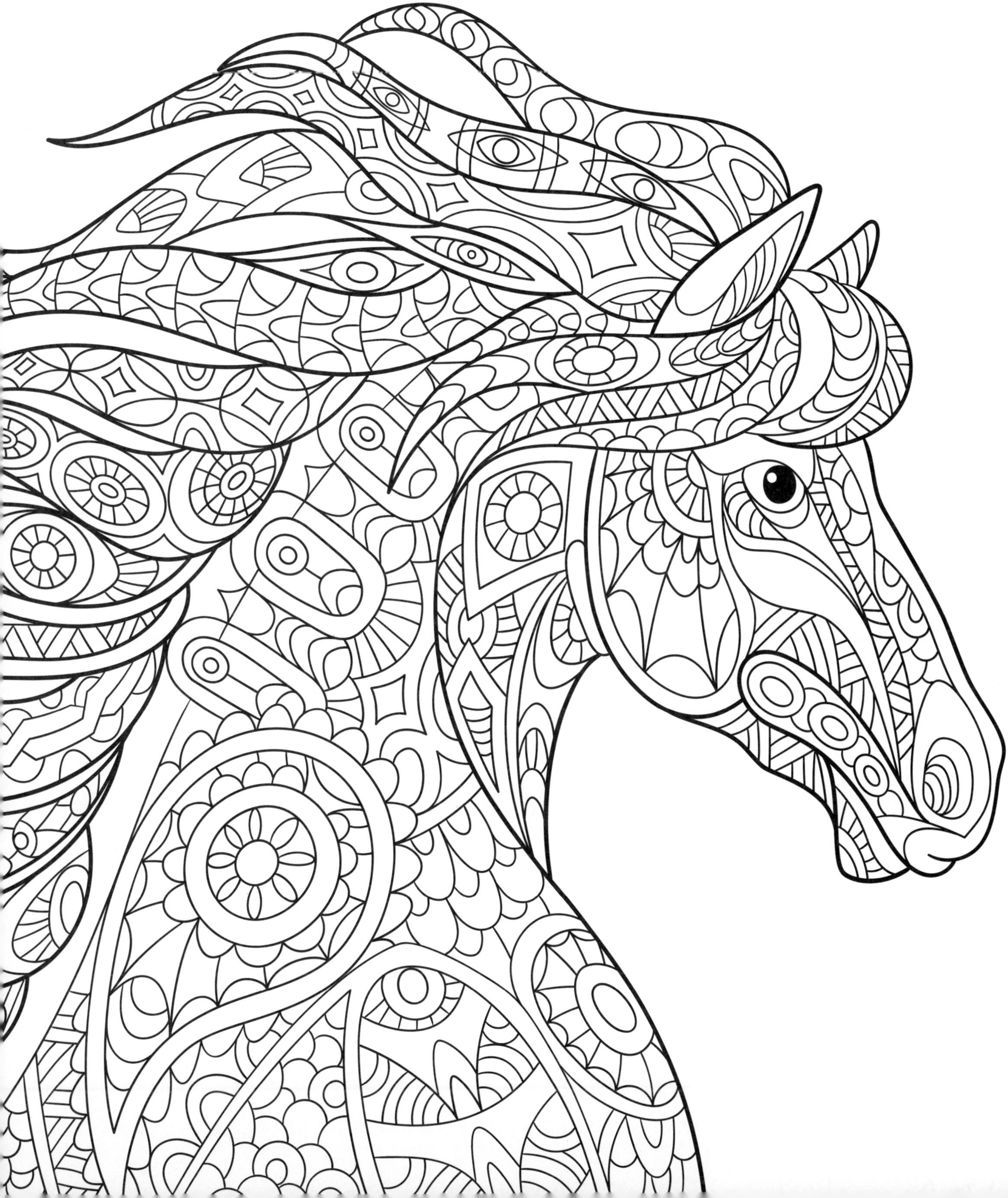

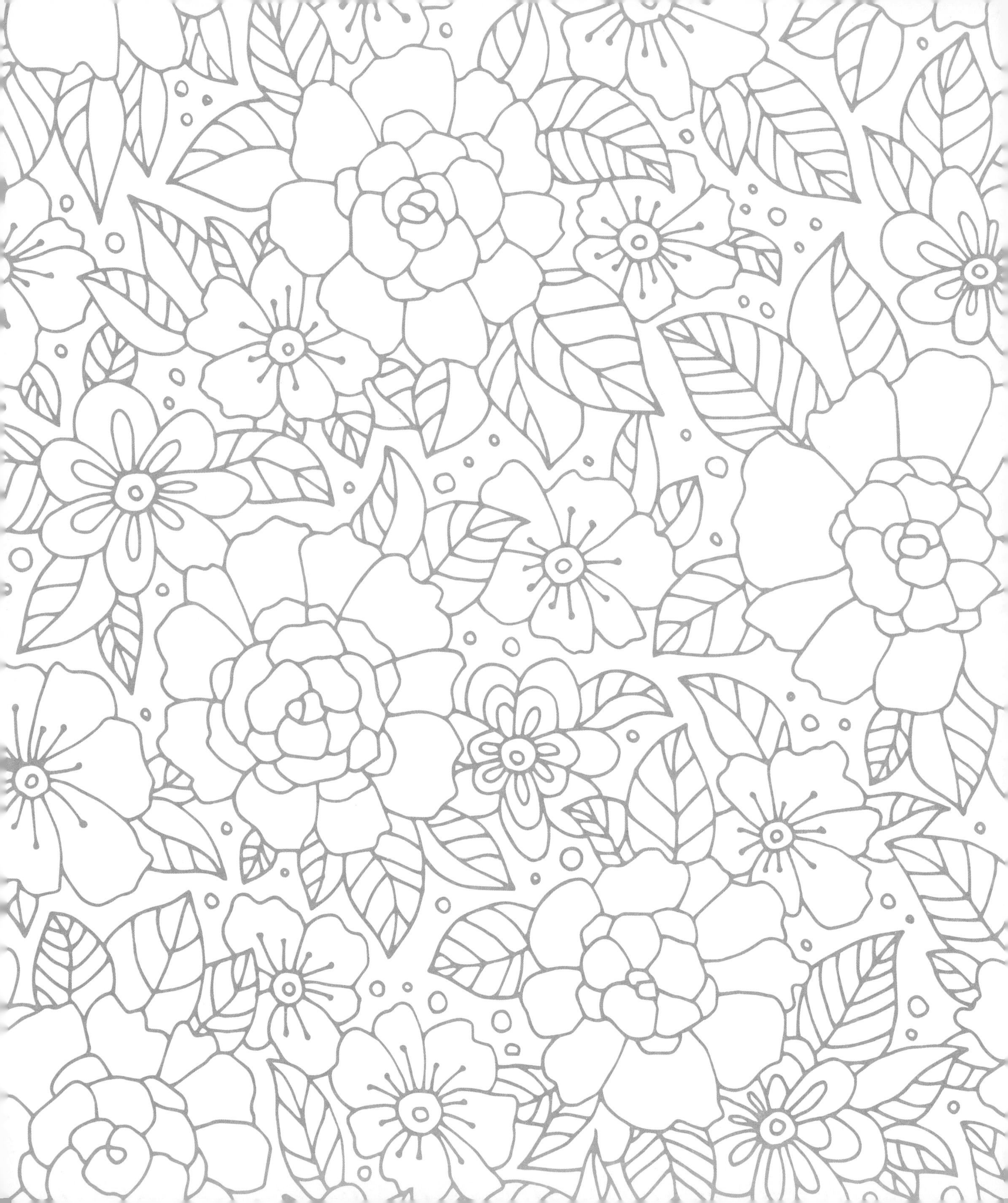

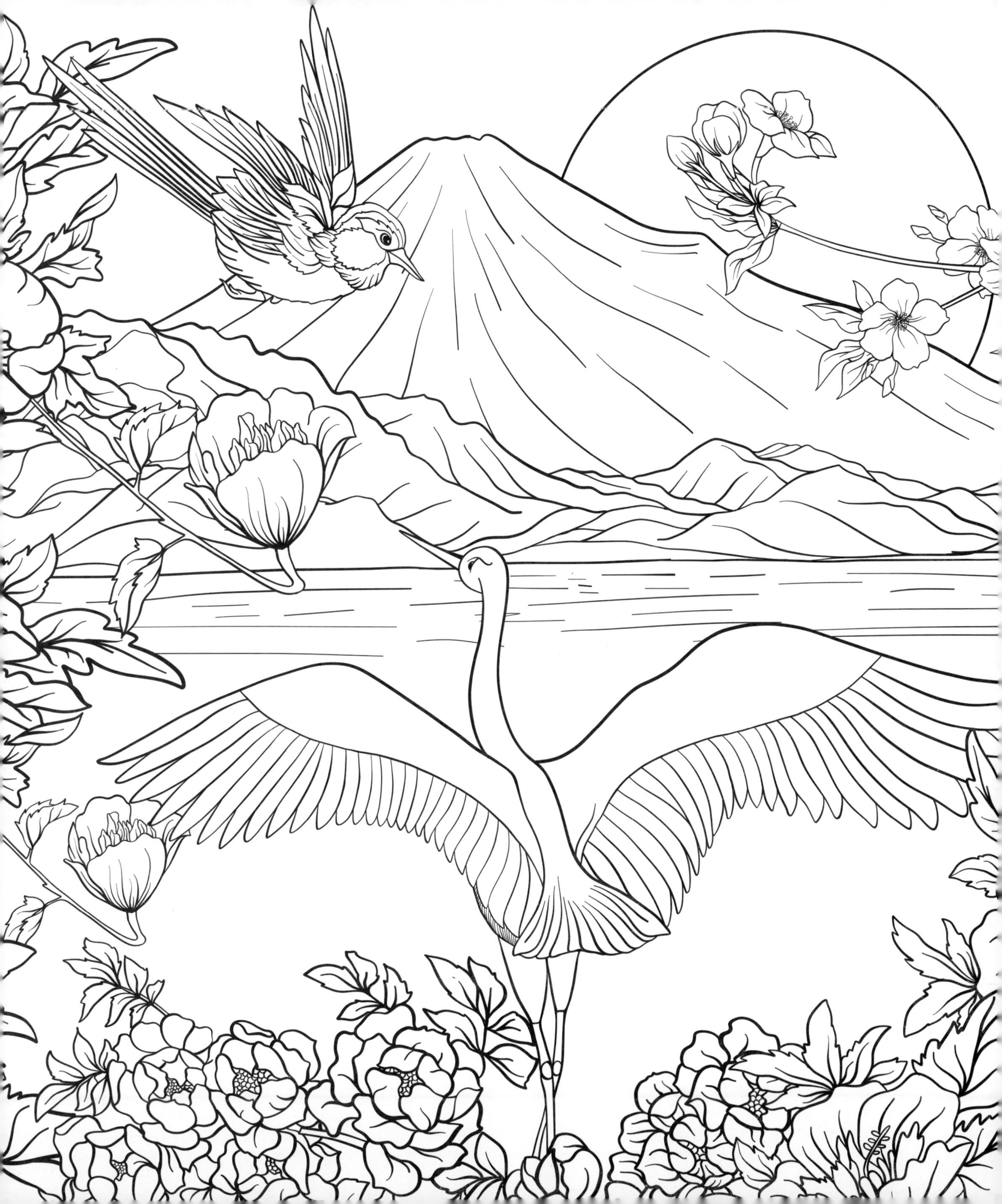

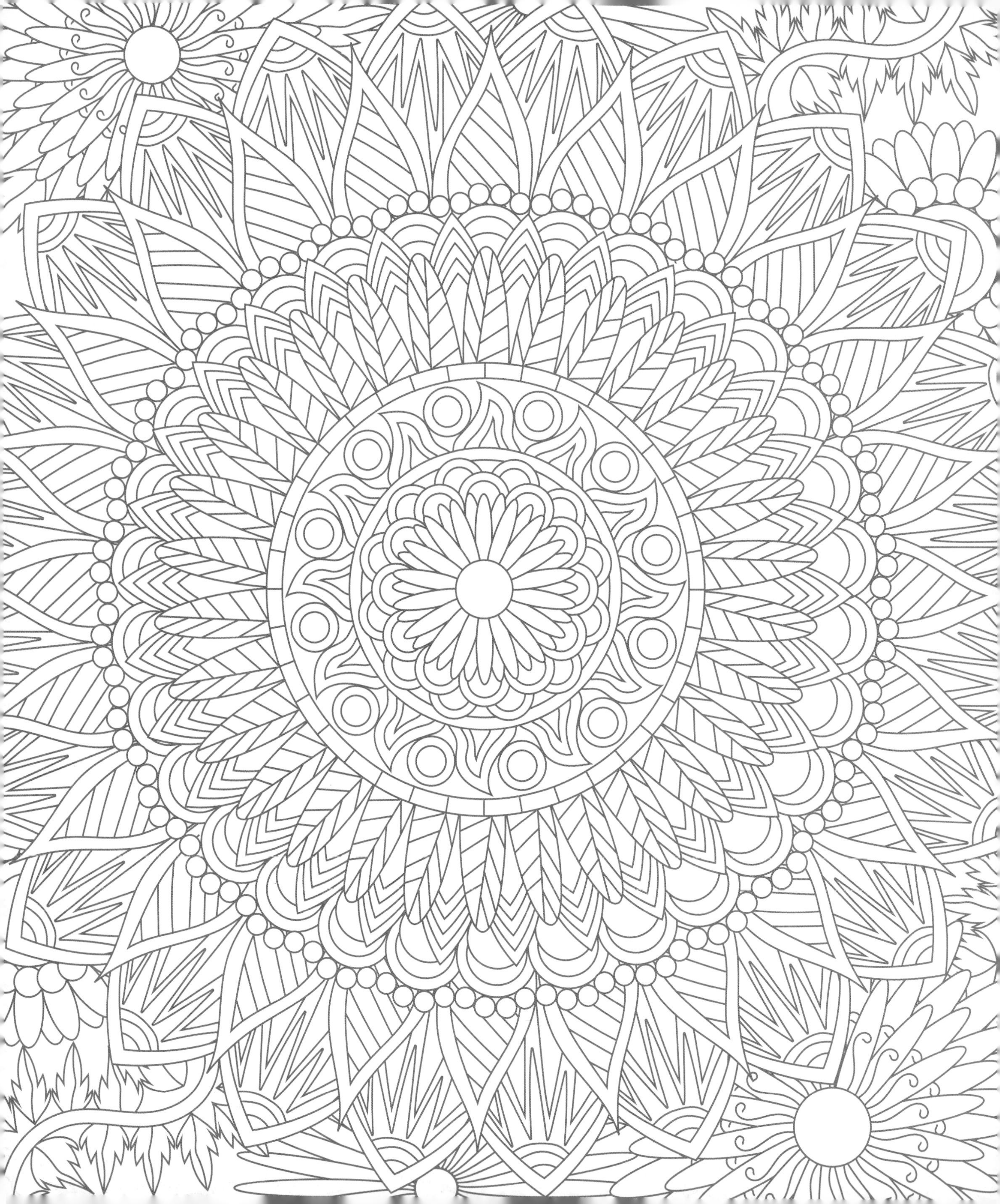

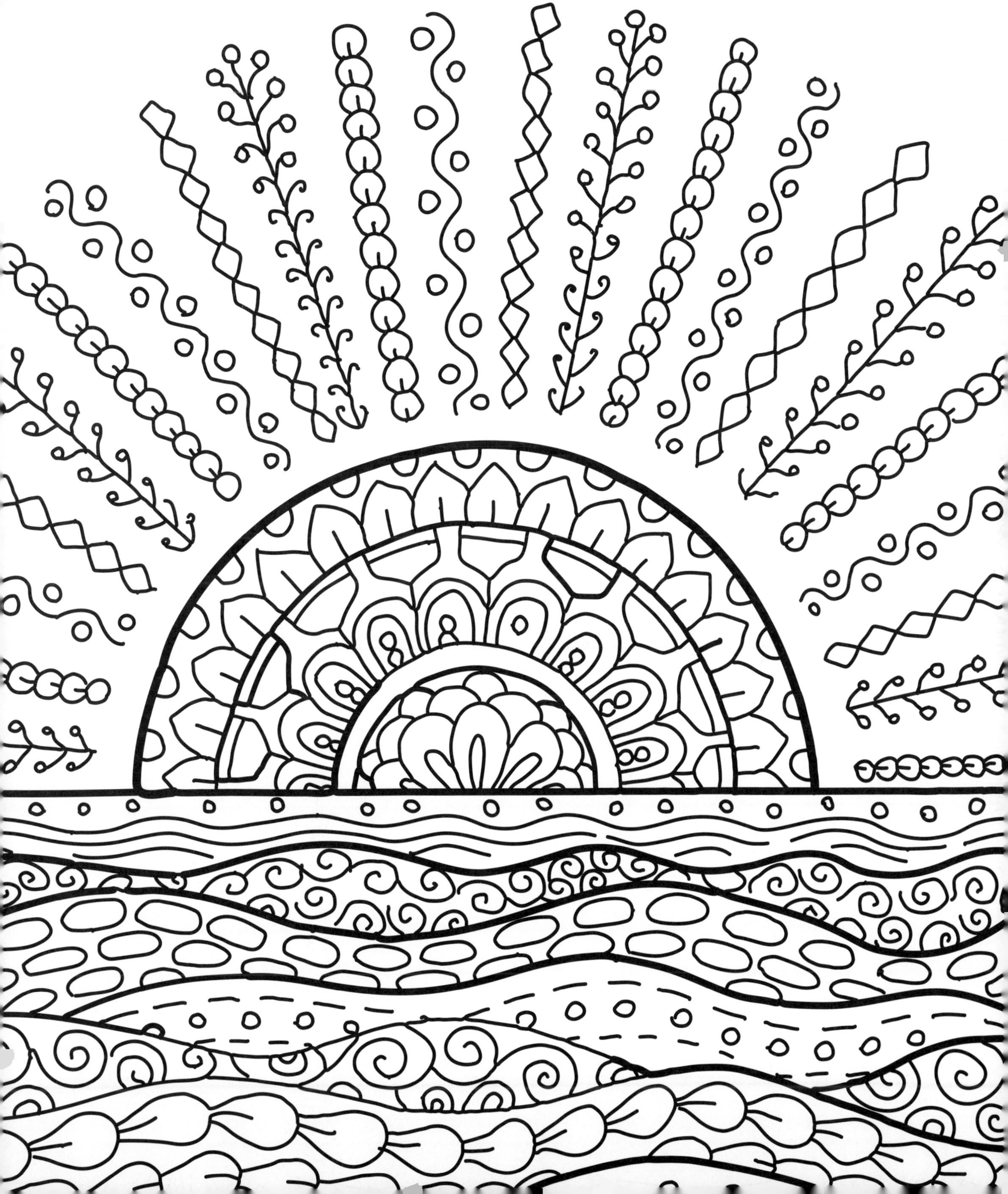

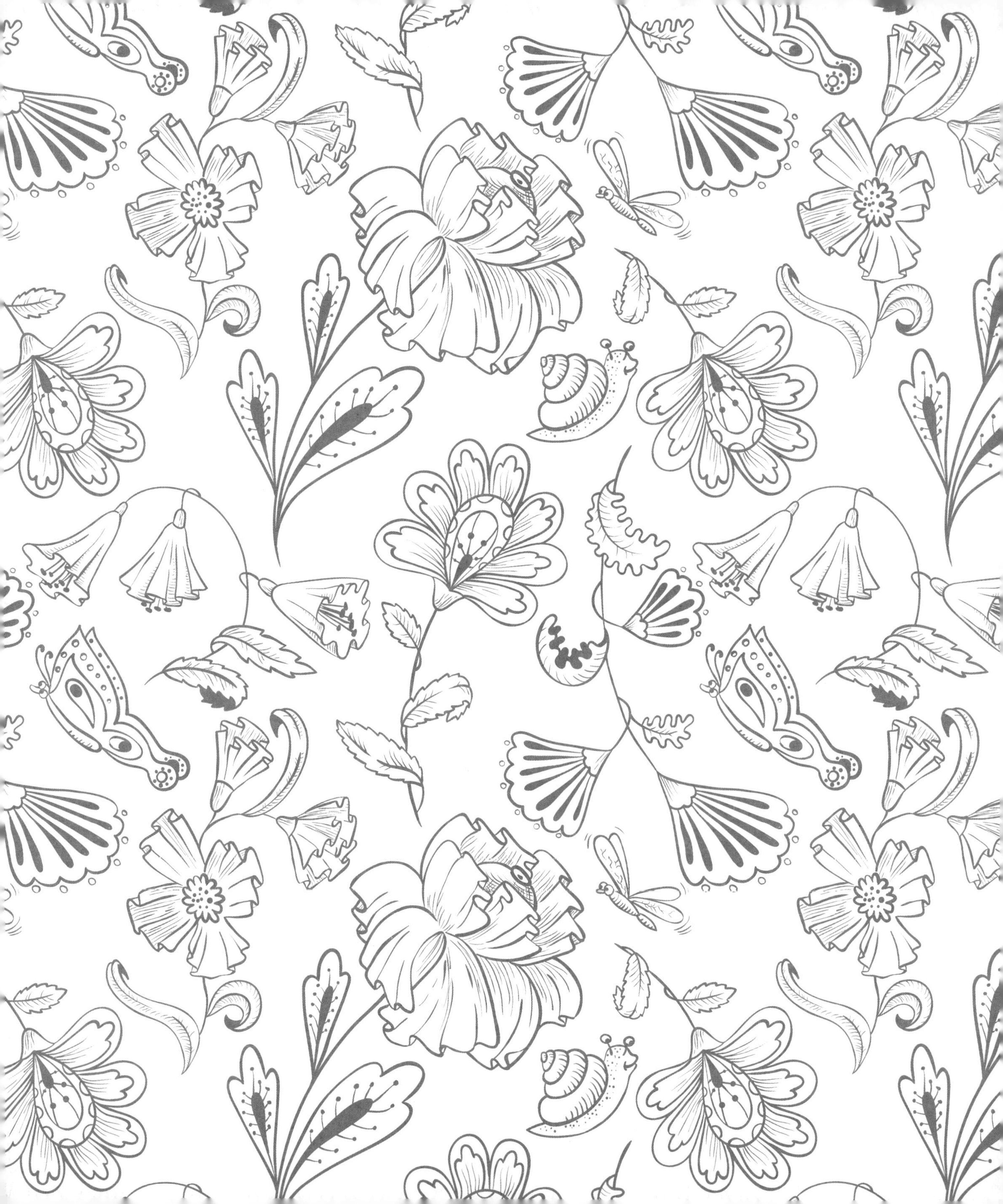

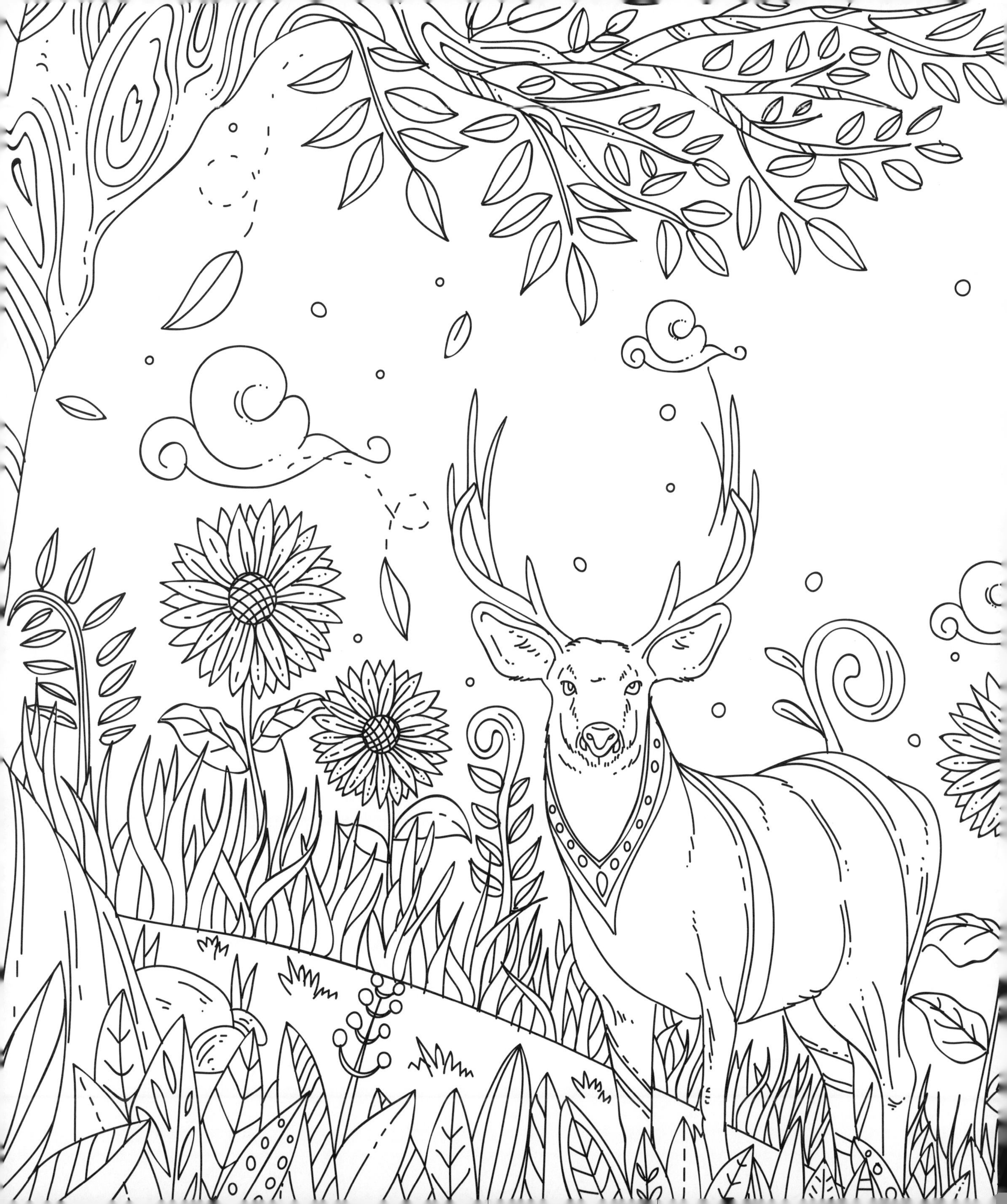

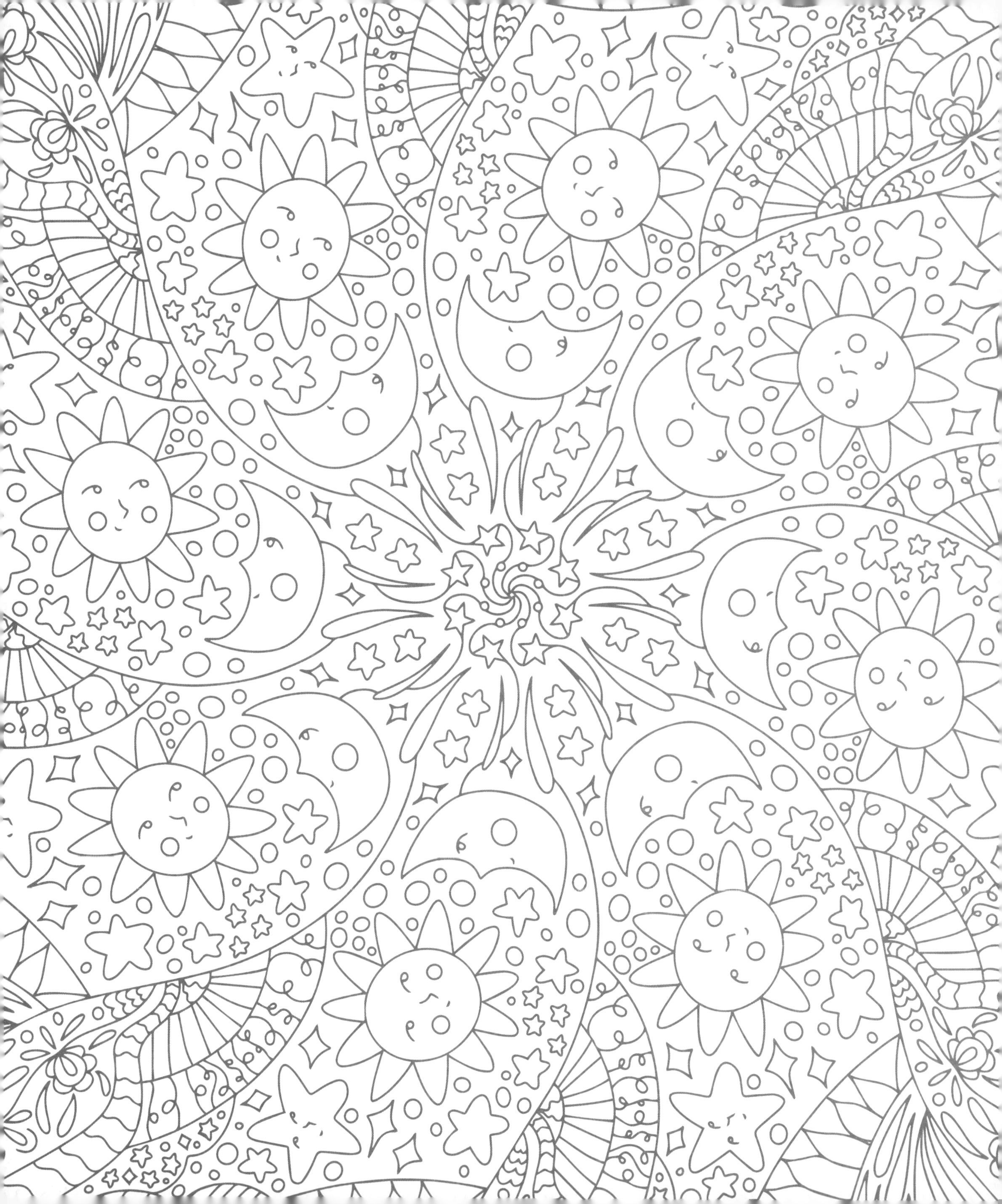

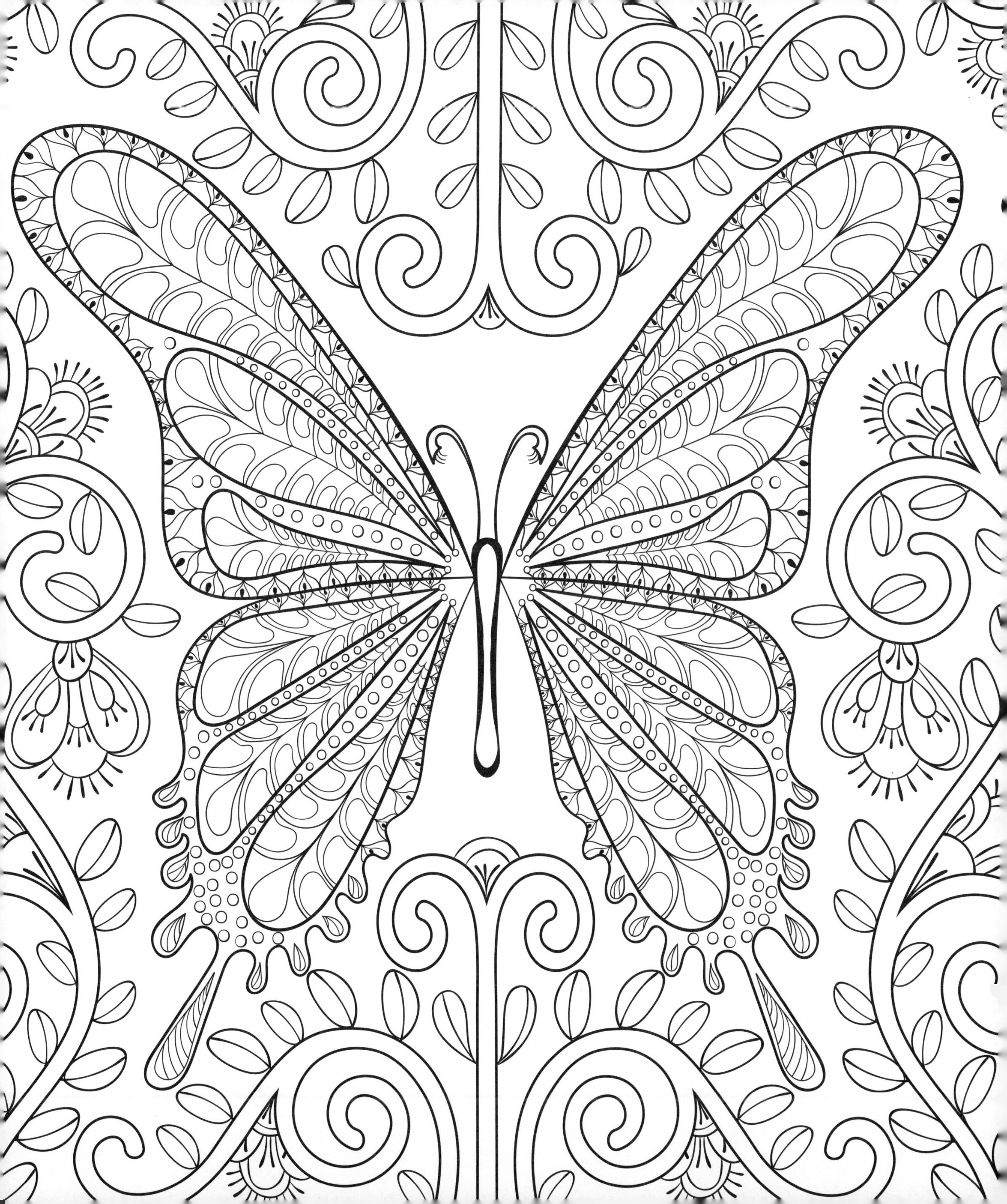

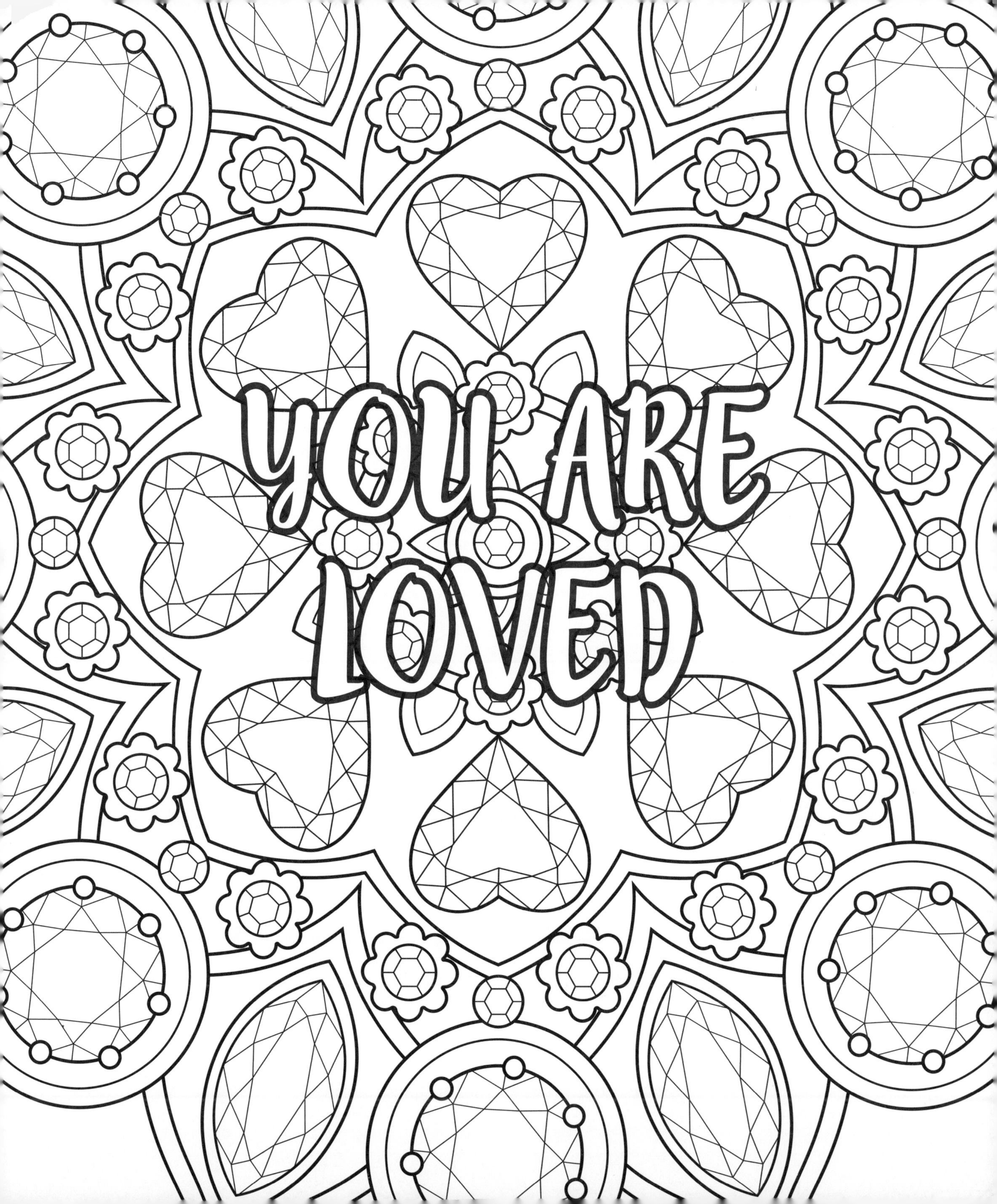
YOU ARE
LOVED

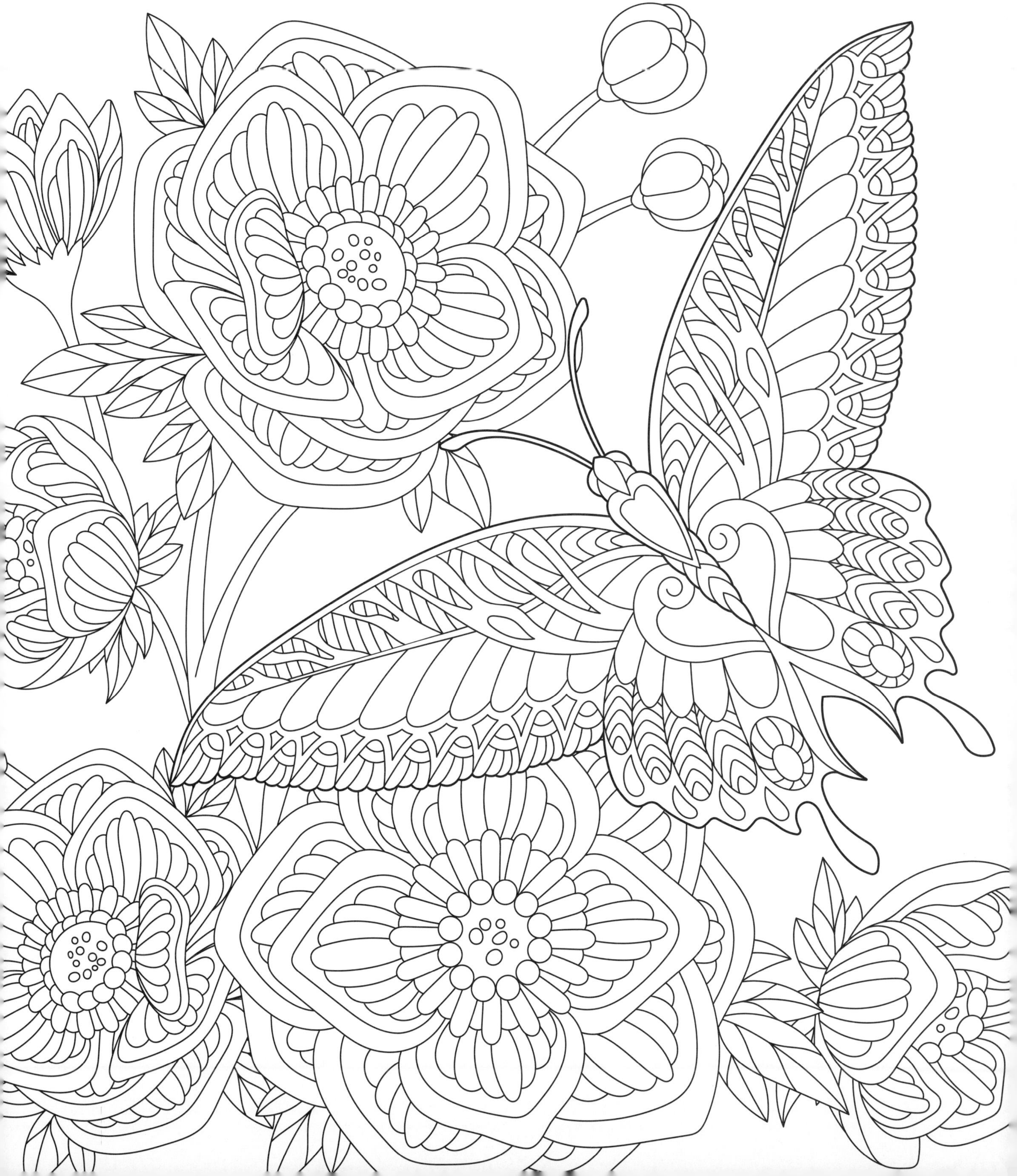

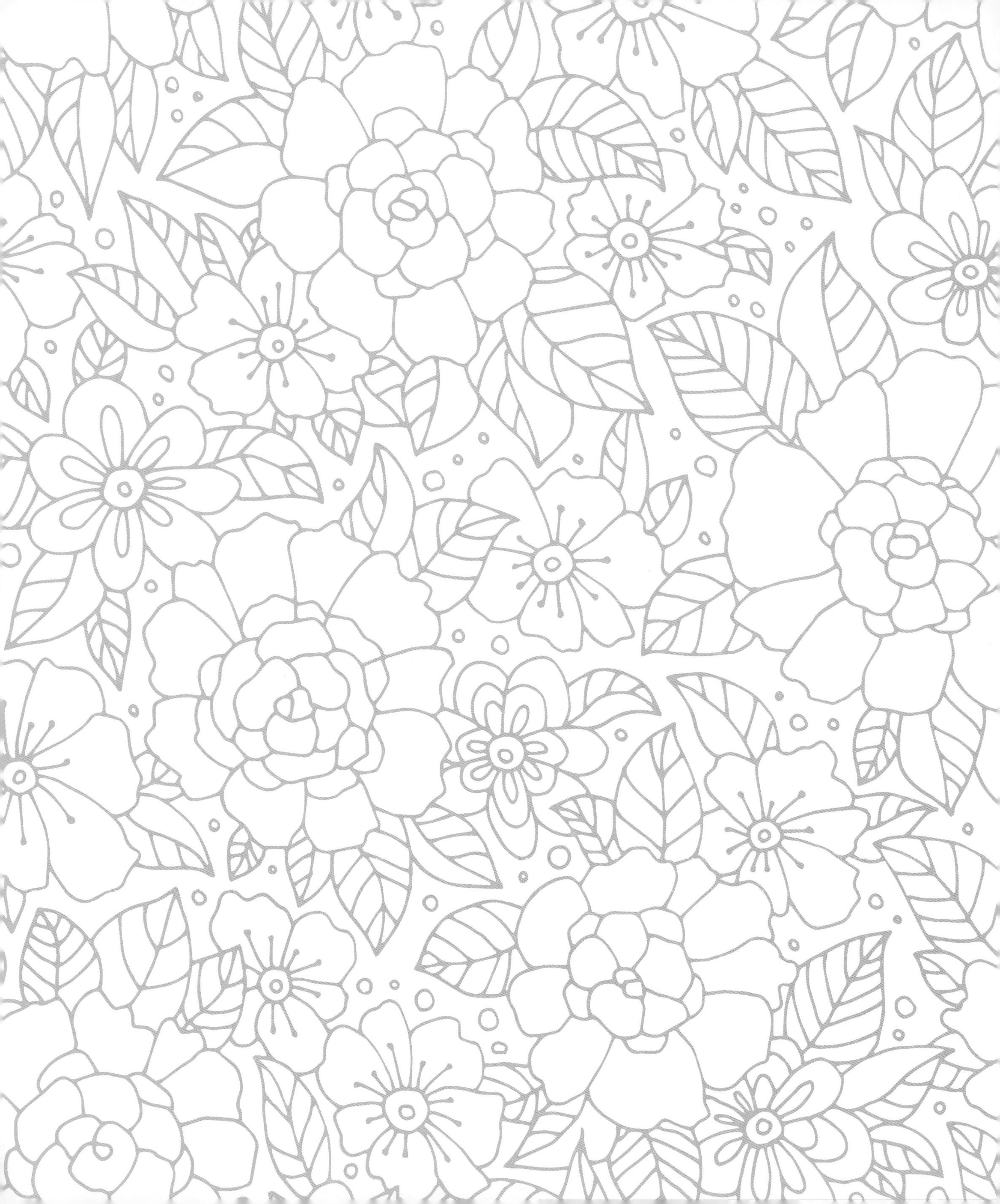

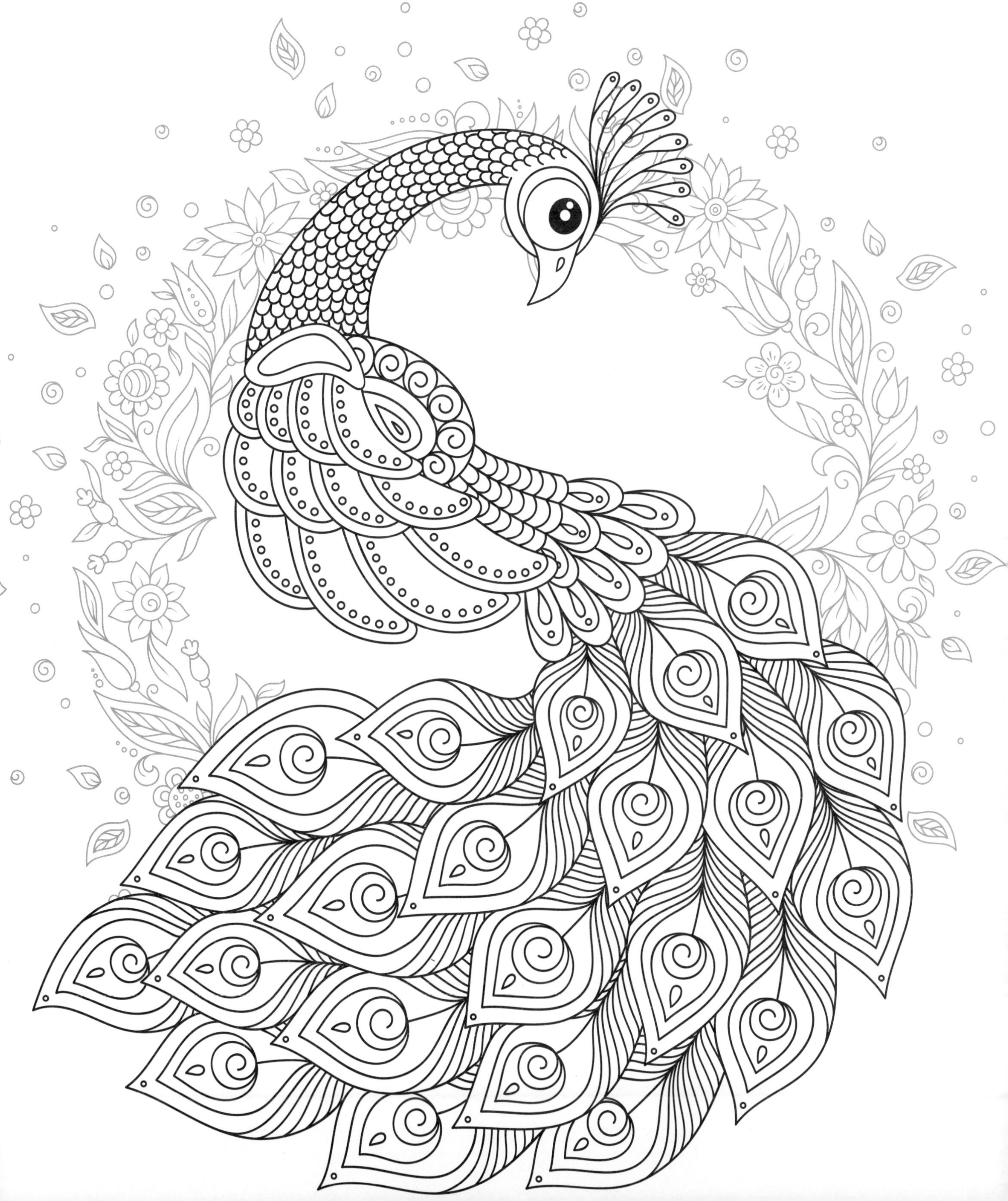

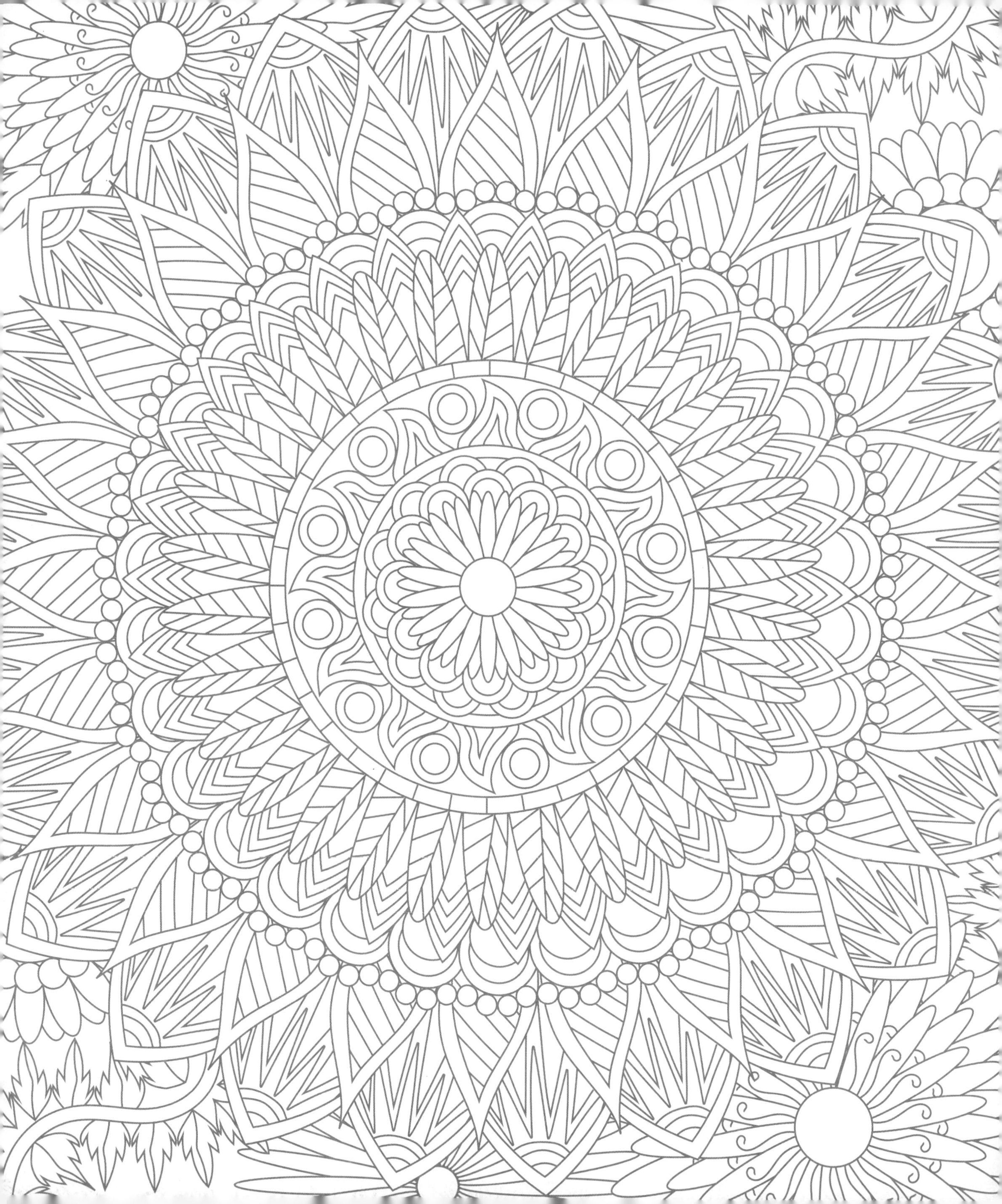

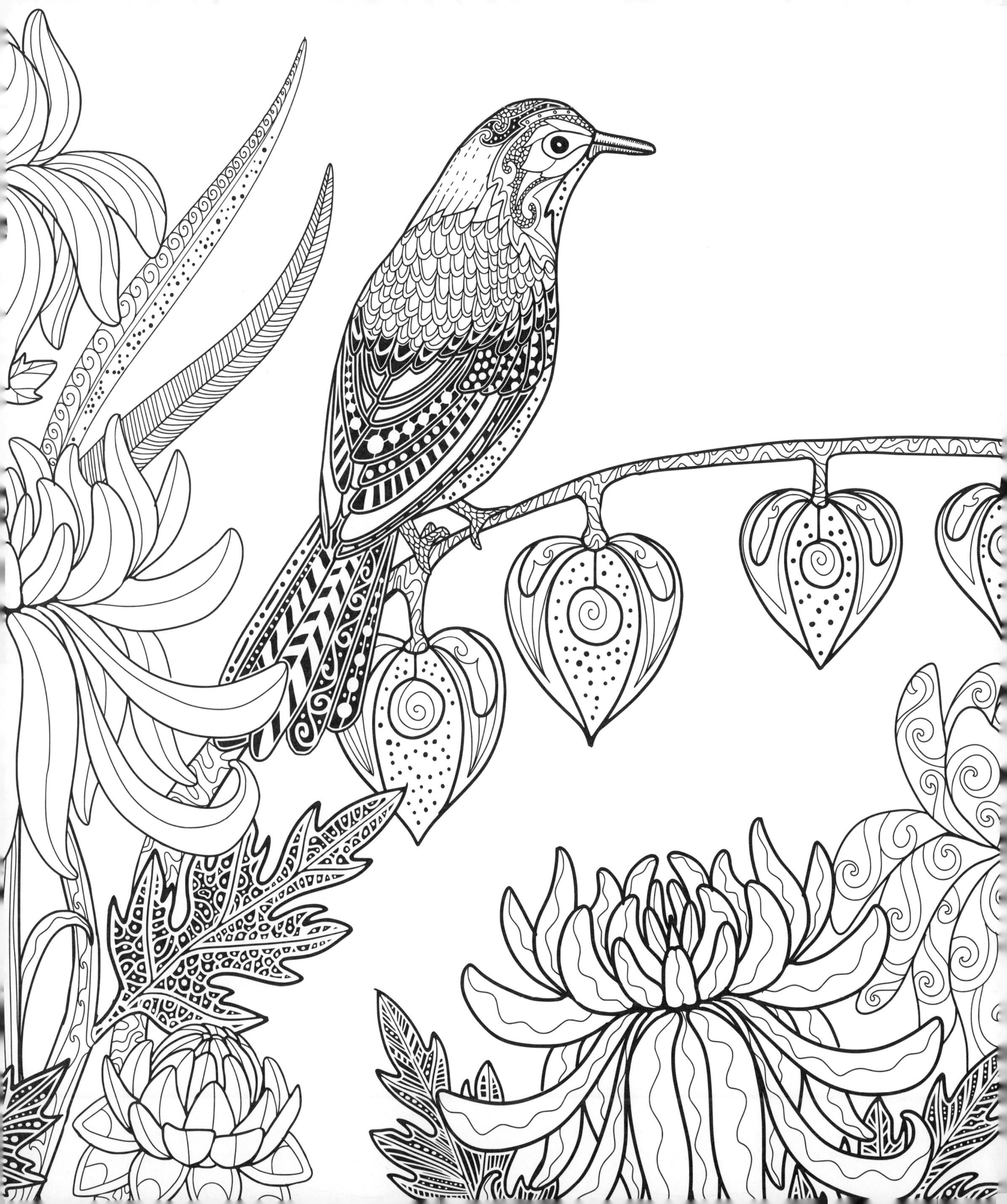

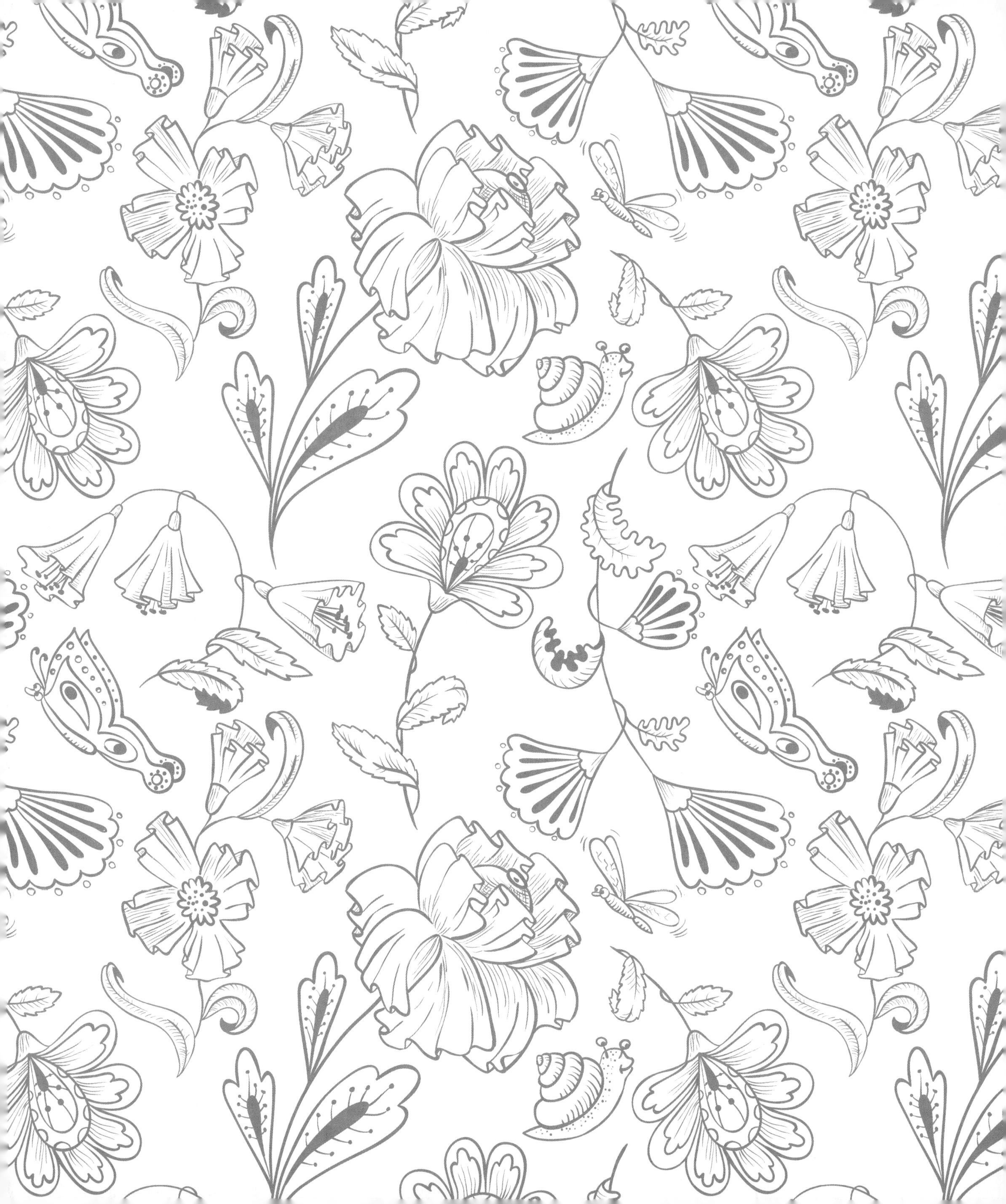

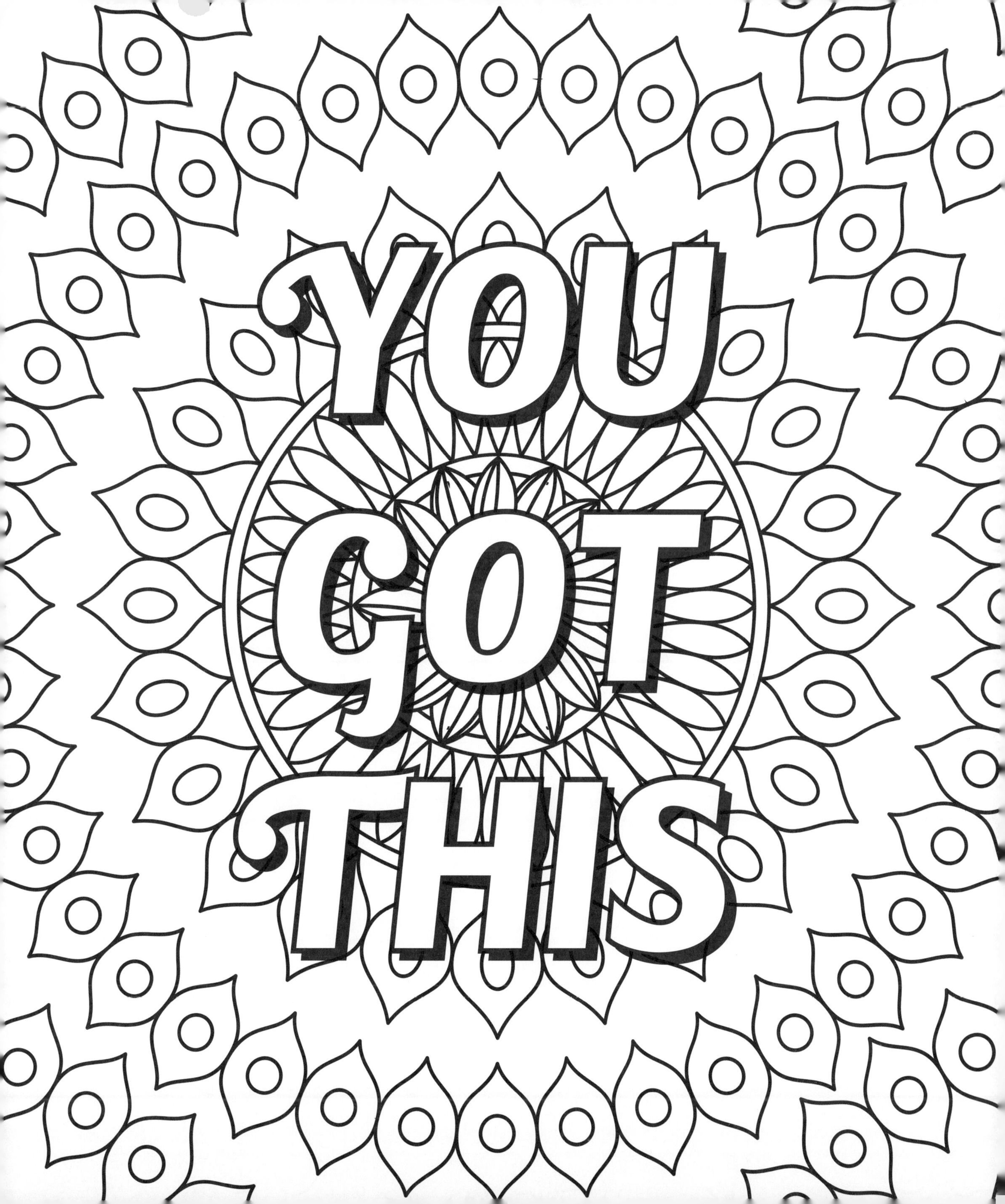
YOU
GOT
THIS

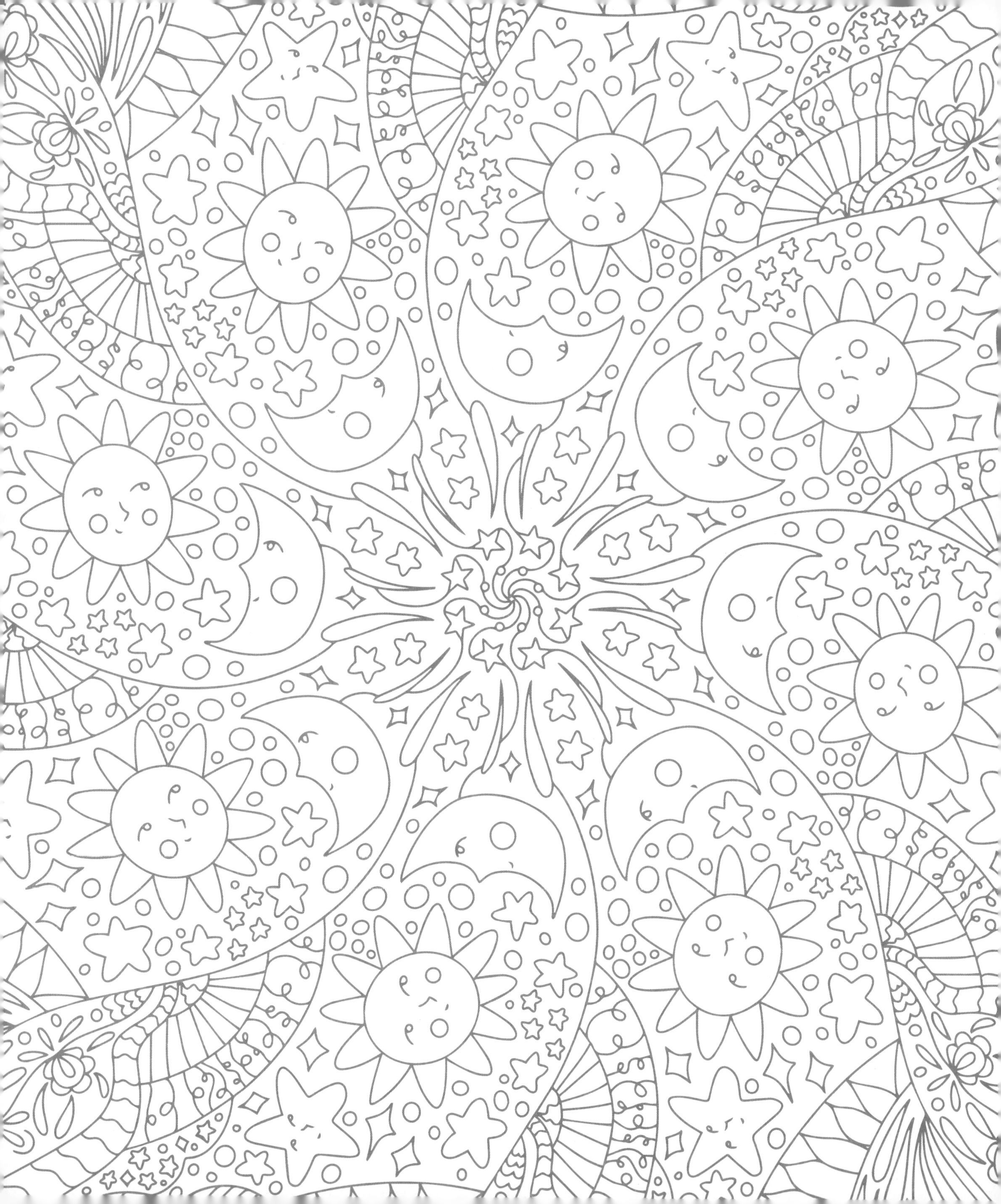

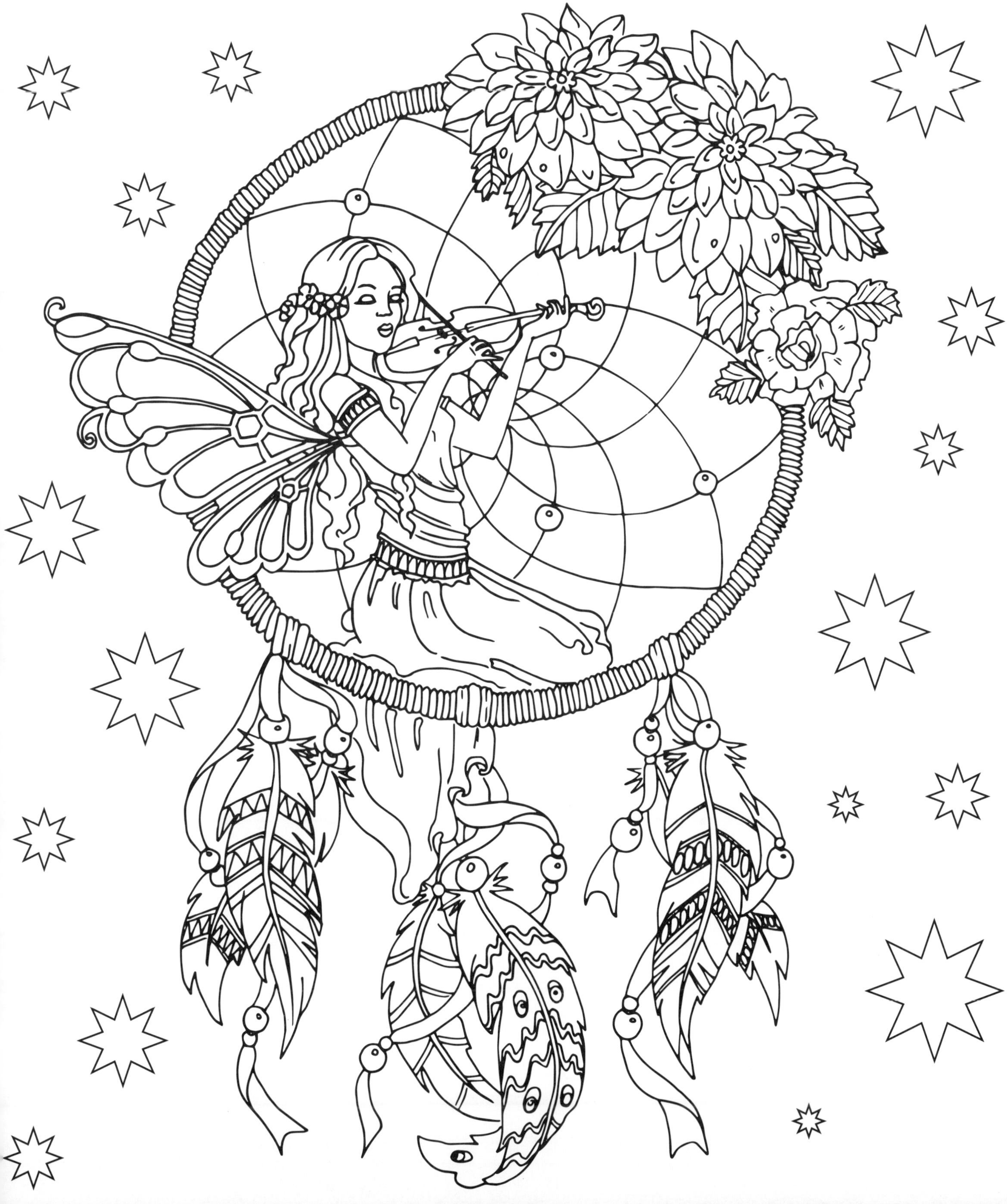

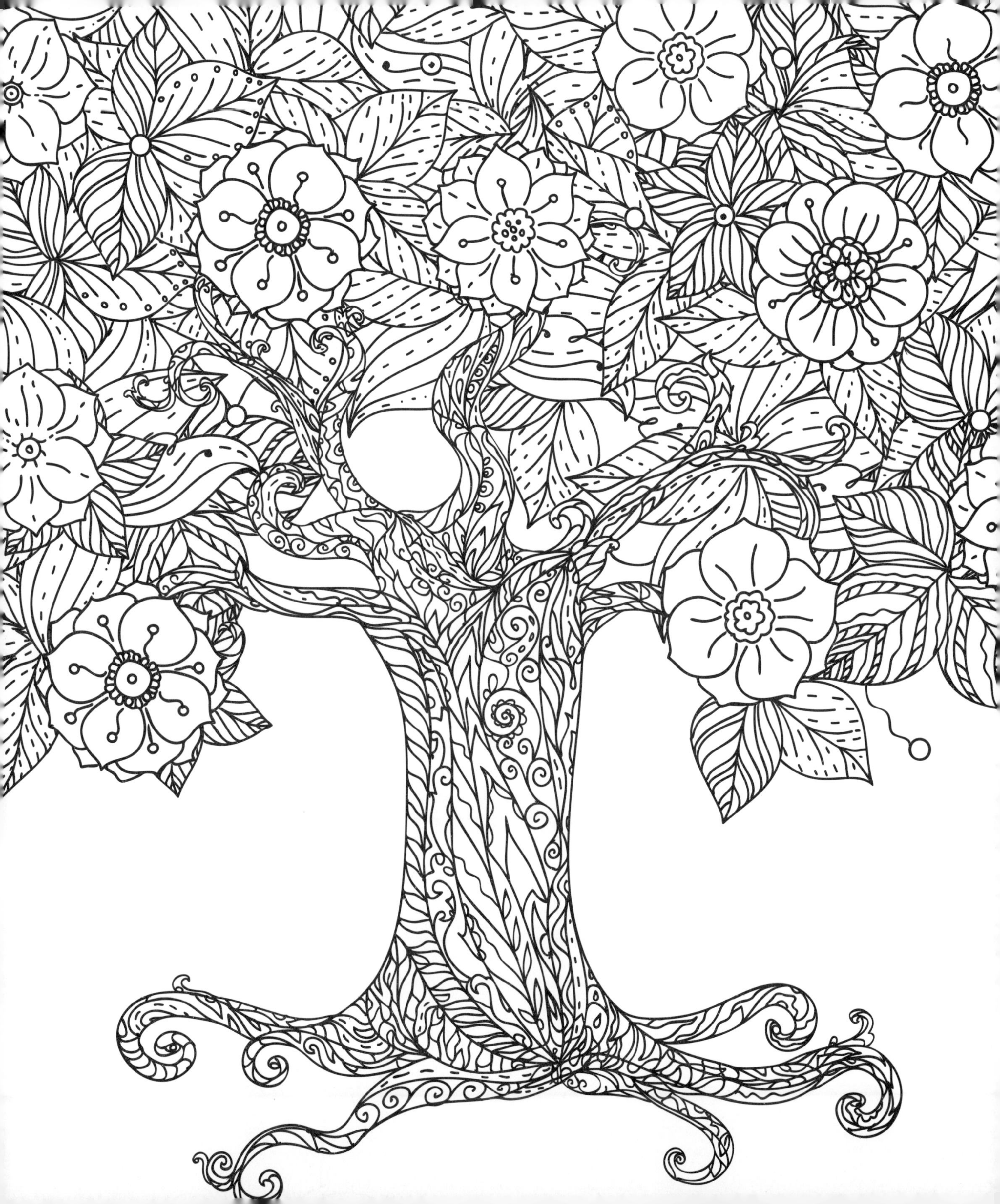